古典文獻研究輯刊

九 編

潘美月・杜潔祥 主編

第 20 冊

明太祖《御製道德眞經》之研究

蔡僑宗 著

國家圖書館出版品預行編目資料

明太祖《御製道德真經》之研究／蔡僑宗　著 — 初版 — 台北
縣永和市：花木蘭文化出版社，2009〔民 98〕

目 4+144 面；19×26 公分

（古典文獻研究輯刊 九編；第 20 冊）

ISBN：978-986-254-028-2（精裝）

1. 道德經　2. 注釋　3. 研究考訂　4. 明代

121.311　　　　　　　　　　　　　　　　98014619

ISBN - 978-986-2540-28-2

9 789862 540282

古典文獻研究輯刊

九 編　第二十冊　　　　　ISBN：978-986-254-028-2

明太祖《御製道德眞經》之研究

作　　者　蔡僑宗
主　　編　潘美月　杜潔祥
總 編 輯　杜潔祥
企劃出版　北京大學文化資源研究中心
出　　版　花木蘭文化出版社
發 行 所　花木蘭文化出版社
發 行 人　高小娟
聯絡地址　台北縣永和市中正路五九五號七樓之三
　　　　　電話：02-2923-1455／傳眞：02-2923-1452
網　　址　http://www.huamulan.tw 信箱 sut81518@ms59.hinet.net
印　　刷　普羅文化出版廣告事業
初　　版　2009 年 9 月
定　　價　九編 20 冊（精裝）新台幣 31,000 元

明太祖《御製道德眞經》之研究

蔡僑宗　著

作者簡介

　　蔡僑宗，民國 65 年生，省立鳳山高中畢業，國立中正大學中國文學系畢業，國立中正大學中國文學研究所畢業。

　　曾任教於國立佳冬高農、國立龍潭農工、高雄縣立寶來國中、市立高雄高工，現任教於國立恆春工商職業學校。

提　　要

　　老子思想就像一取用不盡的寶藏，可以承受任何時間、任何人物，以各種形式之探勘與挖掘，表現出與眾不同之見解。

　　各時代對老子思想皆有不同之詮釋發揮，才有所謂「漢老子」、「晉老子」、「唐老子」、「宋老子」等各個時代風格之稱謂。

　　有學者把歷代注本分門別類，簡單地分為十二類。這其中，最令人注意者，則是御注這一派別。

　　帝王御注道德經，最初始於梁武帝蕭衍，梁簡文帝蕭綱繼之，周文帝、梁元帝、唐睿宗、唐玄宗、宋徽宗、明太祖、清世祖等均曾作過注。現今可見御注之原貌，僅道藏所收之三聖御注（唐玄、宋徽、明祖）及四庫全書所收之清世祖御注，其餘則全部亡佚矣。

　　現存四聖御注中，又以明太祖之御注最為特別。明太祖乃王朝之開創者，出身社會之最底層，其思想與其他三位更是不同。是以本論文即以最具特色之洪武御注著手，輔以前賢所開創之成果為基礎，從各方面如朱元璋個人因素、政治、社會等等角度來切入，盼能從其中獲得一些脈絡與解答，能深入了解洪武御注之實際內涵。

目

次

第一章　緒　論

第一節　研究動機

　　中國傳統哲學中影響最大的學派有二，一是儒家，一是道家。儒家創始人是孔子，道家則爲老子；孔子「祖述堯舜、憲章文武」、「述而不作」，對於夏、商、周三代之文化成就，作了一次總結，而特別推崇周制。老子則是文化偏向之批判者，指陳了有史以來文化之過失。老子五千言之《道德經》，與儒家之《論語》，並列爲中國的兩大寶典，亦是影響後世至深至廣的兩大寶藏。二千年來，中國學人身逢盛世，大都走向儒家，修己之德，以平治天下；而生當亂世，即投向道家，回歸自然，與世無爭，是以儒學兩千年來唯我獨尊之盛況，唯老子哲學，可與之分庭抗禮，時而代興，成爲學術主流，同時表現在民風流俗上，《老子》與《論語》，代表了中國人兩大性格：立身人群，則重倫常，仁民愛物，各盡其責；安排自身，則重情性，恬淡無爭，自守其分。在中國傳統文化中，儒道兩家，雙流並行，交光互映，一直流傳至現代，深刻且深遠地影響我們。

　　文化傳統對我們的影響，可以說已經內化成我們人格、生命、生活的一部份，而老子思想，正是這文化歷史傳統不可割離的一部份。從這個角度看，老子思想本身的意義，和儒學一樣，與整個文化傳統已是不可分割的生命體。是故，老子思想與文化歷史傳統已融爲一體，一定程度內化成中國人內在與生活態度的一部分。老子思想之詮解研究，不但是學術思想史不可或缺的重大課題，歷代對老子思想的繼承與開展，也豐富了學術思想史的內涵。就如

同王淮先生於其《老子探義》之自序中所言：

> 《老子》一書之研究，遠自韓非〈解老〉、〈喻老〉以來，幾乎每一
> 個時代都有某種特殊之因緣，使各種不同之人物對它發生興趣，並
> 從事研究。兩漢由於推崇黃老與道教之興起，老子成了聖人與教主，
> 老子一書也由古典變成了經典。魏晉南北朝之名士風流，盛行清談，
> 再加上佛教之興起，於是老子變成了名士清談之課題與佛教輸入之
> 橋樑。隋唐雖然佛教盛行，但是因爲皇帝碰巧姓李，老子又成了皇
> 帝之祖宗，一般文士既多有研究者，道教徒亦乘機抬出老子與佛徒
> 爭勝。此後宋明人好義理，講義理老子是好題目；清朝人好考據，
> 弄考據老子又是好材料。民國以來，學風承清人考據之餘，於是由
> 老子「書」之考據，更進而爲老子「人」之考證。準此，老子一書
> 之研究，兩千年來，豈只代有其人，事實上無論義理或考據，前人
> 之成果皆極豐富。

老子思想就像一取用不盡的寶藏，可以承受任何時間、任何人物，以各種形式之探勘與挖掘，表現出與眾不同之見解。不同時代、不同學者，對老子思想均有不同認知，也分別作出不同面貌之詮解，使得老子思想這條長河，源遠流長，未曾間斷，而各具時代風貌。宋·杜道堅曾云：

> 道與世降，時有不同，注者多隨時代所尚，各自其成心而師之。故
> 漢人注者爲「漢老子」，晉人注者爲「晉老子」，唐人、宋人爲「唐
> 老子」、「宋老子」。〔註1〕

各時代對老子思想皆有不同之詮釋發揮，才有所謂「漢老子」、「晉老子」、「唐老子」、「宋老子」等各個時代風格之稱謂；除此之外，老子注本之數量，也是相當龐大。據宋朝杜道堅《道德玄經原旨》張與材〈序〉裡說：「《道德》八十一章，注者三千餘家。」而自元至今又經歷七百多年，對老子研究之著作尤爲可觀。歷代對於《老子》其人其書、版本注釋之研究確實不少。高明先生曾說：

> 1927 年王重民著《老子考》，收錄敦煌寫本、道觀碑文和歷代木刻
> 與排印本，共存目四百五十餘種；1965 年嚴靈峰輯《無求備齋老子
> 集成》，初編影印一百四十種、續編影印一百九十八種、補編影印十
> 八種，總計三百五十六種，將其所集，輯於一書。〔註2〕

〔註1〕 見《道德玄經原旨·道德玄經原旨發揮》。
〔註2〕 高明：〈帛書老子校注序〉，收於《新編諸子集成——帛書老子校注》，北京：

其種類之繁複，可見於一斑。歷代解《老子》者，以韓非〈解老〉、〈喻老〉為最古。〈解老〉舉義不舉事，〈喻老〉舉事不舉義，惟係以法家之義解《老子》，可謂韓非之老學，而非老子之老學也。除上述兩篇外，歷代注老者，則以河上公注本為最古，王弼本為最勝，現今之通行本，非河上本即王本。而河、王二大系統外，其餘自樹門庭者，要皆大同小異，互為出入而已。有學者把歷代注本分門別類，簡單地分為以下幾類：〔註3〕

一、演化派，又稱民間派；二、玄學派，又稱重玄派；三、儒林派，又稱學人派；四、御注派，又稱宮廷派；五、道士派，又稱教義派；六、丹道派，又稱修真派；七、佛學派，又稱禪理派；八、集解派，又稱會注派；九、經解派，又稱古義派；十、校勘派，又稱考據派；十一、音義派，又稱韻學派；十二、書志派，又稱書目派。

以上十二大類中，最令人注意者，則是御注這一派別。

帝王御注《道德經》，最初始於梁武帝蕭衍，梁簡文帝蕭綱繼之，周文帝、梁元帝、唐睿宗、唐玄宗、宋徽宗、明太祖、清世祖等均曾作過注。現今可見御注之原貌，僅《道藏》所收之三聖御注（唐玄、宋徽、明祖）及《四庫全書》所收之清世祖御注，其餘則全部亡佚矣。身為帝王統治者，儒家思想才是他們最應重視之思想。因先秦諸子中，儒家思想與現實人生最為貼近，倫理道德都是從自身及人與人關係中自然提煉而得，也就是「人之所以為人」，在於個人德性實踐，這是從日常生活做起，一點也無強迫意味，可謂最人性化之哲學思想；加以自漢武帝採董仲舒《賢良對策》「罷黜百家，獨尊儒術」之建議，帝王統治者莫不以「修身、治國、平天下」為己任，且奉為圭臬，則如何為非正統的老子思想進行解釋？這其中頗有耐人尋味之處。再者，現存四聖御注中，又以明太祖之御注最為特別。首先，這四位帝王中，唯明太祖乃王朝之開創者，出身社會之最底層，其思想與其他三位更是不同，其憑藉帝王之尊、囊括四海之志，於天下甫定之初，於此道家經典，固有色為心喜之處。且《老子》一書於治術之開闔張歙、用陰用柔之方，多有所見；書中所言之聖人，又往往為古代理想中之帝王，故洪武《御注》，豈能毫無主張於其間？其次，開元、政和、順治之《御注》均存在非一人親手完成之著

中華書局，1996年，頁1。

〔註3〕蕭天石：〈歷代老子注本簡述〉，道教文化，第二卷，第四期，民國68年5、6月。

述問題，順治御注更非清世祖所作，且於道家思想與政治哲學殊無大發明與見解，亦不如開元、政和、洪武三聖御注之重要，此一問題，留待後文另有詳細說明，暫且略過不談。至於洪武《御注》，吾人觀其文字率切、文采不足、且多有文義欠通順之處，即知其文學侍從之臣於此御注，未曾有所潤色，此實乃太祖親手完成，未假他人之手，著實難能可貴。三聖對道家思想之理解層次雖有深有淺，然理解深者如玄宗、徽宗，未必便爲成功之帝；理解淺者如明太祖，反得爲創業之主，其義或有可思之處。從此角度切入，且看朱元璋如何從《老子》思想中汲取精神營養？《老子》思想與當時時局、政治社會之間具有怎樣之關連，凡此種種，固知洪武《御注》實有其特點與值得注意之處，此則本論文所欲研究之動機。

第二節　文獻檢討與研究目的

　　歷來對於四聖注老之綜合比較研究，可謂少之又少。或因非親手完成之作，而用以爲嫌，此留待後文詳述；或有朝臣承襲敷衍其意，然所注影響後儒之幅度皆不大如開元、政和之御注；〔註4〕或不爲歷代注老者所取如洪武、順治之御注即是〔註5〕。對於此一問題探討，近來學者已留意於此。余英時先生曾著有〈唐、宋、明三帝老子注中治術發微〉一文，收於其《歷史與思想》一書中，嘗試從「反智論」觀點觸及三帝注老之政治思想；較早之時，柳存仁先生著有〈道藏本三聖注道德經會箋〉及〈道藏本三聖注道德之得失〉二篇文章，收於其《和風堂文集》中，這二篇文章，廣泛地討論三聖注老其中之若干問題。前者對於三聖之注文作了完整之比較，後者則對三聖注文之優

〔註4〕柳存仁説：「唐賢著述中，如陸希聲《道德眞經傳》（道藏・368）、王眞《道德經論兵要義述》（道藏・417）、杜光庭《道德經廣聖義》（道藏・440～448）、李約《道德眞經新注》（道藏・375）、強思齊《道德眞經玄德纂疏》（道藏・407～413）等，或引玄宗《御注》，或從《御注》説，《廣聖義》之作，義更明顯。徽宗生當晚世，影響實不若唐玄之廣，然《道藏》378～383 收江澂《道德眞經疏義》、360～362 收章安《徽宗御注解義》、以及邵若愚《道德眞經直解》（道藏・372）之類，亦多以徽宗御注爲宗。」，見柳存仁：〈道藏本三聖註道德經之得失〉，收於《和風堂文集》，上海：上海古籍，1991 年，頁 472。

〔註5〕柳存仁亦云：「明代不論儒、道著述釋《老子》者，如焦竑《老子翼》、薛蕙《老子集解》、王道《老子億》、陶望齡《老子解》、陸西星《老子玄覽》，亦不以《御注》（指明太祖御注）爲重。……惟朱得之《讀老評》引《御序》，……」，同註4，頁 479～480。

劣有概略性的討論，並旁及其他如社會環境、個人背景等等因素對於三聖注老的影響，是很有參考價值之材料。只是這些文章均有尚待解決之問題。首先，老子書中所謂「愚民」之問題，是否真如余英時先生所言，屬於「反智陣營」，值得商榷；其次，柳存仁先生這二篇文章，考證詳實，分析透徹，卻似乎有「博而不精」之遺憾。近來大陸學者在編寫《中國老學史》之當時，亦注意到帝王注老此一情形，而由劉韶軍先生寫成了一本《唐玄宗、宋徽宗、明太祖、清世祖《老子》御批點評》一書，算是對四帝注老此一現象，作一個概括性之總結。但其中之點評，有時不免強為己說，且博而不精之缺失仍然存在，是故至今仍無全面且完整之研究，更遑論於單獨御注上之用力也。若不談順治御注，則三聖御注中，較為人注意者乃為開元御注。日本學者麥谷邦夫著有〈唐玄宗《道德真經》注疏之撰述與其思想特徵〉（收於陳鼓應主編，道家文化研究第十五輯）及〈唐玄宗《道德真經》注疏中的「妙本」〉（收於世界宗教研究，1990，第二期）此兩篇文章，分別考證了御注完成和公佈的時間、御注是否他人代筆等問題，且指出御注的最大特徵，是開宗明義在第一章便提出「妙本」的概念，並企圖以「妙本」作為核心，對三教各自主張的最高範疇加以調合；最後，還論述了御疏基本上承襲御注之解釋，但有個別新發揮。這大概算是單獨御注之研究中絕無僅有的幾篇，政和、洪武御注則幾乎少有研究發表。

是以本論文即以最具特色之洪武《御注》著手，輔以前賢所開創之成果為基礎，從各方面如朱元璋個人因素、政治、社會等等角度來切入，盼能從其中獲得一些脈絡與解答，能深入了解洪武《御注》之實際內涵。正如前文所述，帝王乃一國之最高統治者，於國家各層面實有深遠之影響，是以帝王之注《老》，定有主張於其間。除此之外，不但是研究明祖自身之第一手資料，亦為帝王統治階層對於道家治術之觀察與紀錄，誠不宜以其為帝王所製而輕加忽略也，本論文研究目的，亦在於此矣。

第三節　研究範圍與各章述要

歷代御注除亡佚注本之外，實指唐玄宗、宋徽宗、明太祖、清世祖之御注《道德經》（唐玄宗另有《疏》），本論文則以《正統道藏》所收朱元璋御注《道德真經》為主要研究範圍；另輔以嚴靈峰先生所編之《無求備齋老子集

成初編》與《續編》所收之各家老子注本，作爲《道德經》原典閱讀理解時之參考資料。另外又需藉由《明史》、《明史紀事本末》、《明太祖實錄》、《明太祖文集》、《國榷》等所載史料，作爲瞭解朱元璋背景之依據；《明通典》、《明會要》、《明實錄・太祖實錄》及清高宗編纂之《明臣奏議》，亦可爲現實政治層面之印證；另輔以元明之讀書札記、筆記小說等材料，作爲資料補充與史料佐證。

以下則簡述各章之寫作內容：

第一章：緒論

敘述本文之研究動機、範圍與目的，並說明朱元璋之御注《道德經》何以特出，及以此文本爲研究對象之緣由。此外，亦將歷代御注《道德經》之概況，作一完整之說明。

第二章：明太祖其人與其文——生平背景、思想淵源與其性格

朱元璋乃出身社會下階層，世代務農，早歲曾極度窮困，兩次出家做了和尚，如此艱苦之環境下，根本無法接受正式教育，自早年以至投靠郭子興部時，可能「常識多於知識」；其後，從部隊中任十夫長、百夫長，後來稱吳王，以迄稱帝之前，元璋自知自己知識不足，因而對於讀書乃至於探訪賢良、搜羅人才方面，稱得上是不餘遺力，劉基、宋濂等開國功臣，均是此時被元璋網羅至麾下；稱帝後，更是留心於知識之獲得，文章寫作也大有進步，可從《明太祖御製文集》中寫予幾位死去之開國功臣之誥文中得知一二。故元璋出身草莽，未嘗能多讀書，先天失調，但經由後天之補救，學識涵義大爲精進，此對後來之作注，可謂助益良多。關於其性格方面，正因上述之經歷，太祖早年之生活乃異乎常人，故其個性務實，且不尚虛幻迷信，故其個性，可用「崇實賤虛」四字爲代表。實際了解太祖之其人與其文，對於《御注》之研究，助益實多矣。

第三章：明太祖御製《道德真經》之外緣——背景、體例與參考之作

直至登上帝位，國政紛擾，不遑寧居，尤迫切需要治國安邦之道，於《御注》之序中云：「自即位以來，罔知前代哲王之道，宵盡遑遑，慮穹蒼之切。鑒於是，問道諸人，人皆我見，未達先賢。」〔註6〕可知依靠他人，一時間並未能找到令人滿意的治國理論。因此在理政之餘，發憤讀書，在看到老子《道德經》之後，經過三番五次認眞鑽研，明祖確信「斯經及萬物之至根，王者

〔註6〕 見明太祖御注《道德眞經》序。《正統道藏》，臺北：新文豐，民國 77 年，V.354。

之上師，臣民之極寶。」〔註7〕洪武七年其《御注》完作，乃出自實際需要，更具有其獨立見解，此為現實需要之明證也。

今人著述，必有參考與工具之書，帝王注《老》，亦有其參考之作，要皆不脫通行之王弼本與最古之河上公本；然洪武《御注》卻頗注意於吳草廬（澄）之注，甚而分章亦不以通行之八十一章為主，多遵草廬六十八章之分章，此其間之關連，亦值得吾人進一步探究。

第四章：御製《道德真經》之基本理解——基本立場與初步認識

早歲之朱元璋，並無讀書求學之機遇；再者，早年軍旅生涯，南征北討，戰馬上生活日久，早已養成崇向質樸、不務虛華的性格，表現於其《御注》上，即呈現出樸實、少有思辨性之注文，且多傾向現實層；其於《道德經》之理解，例如「道」、「無為」等等概念，必需對其有一初步之認識，始能明其所云；然其間亦有其獨到之見解，實有一窺堂奧之必要。

第五章：洪武《御注》之核心概念——聖人觀、政治思想與天命觀

本章試就洪武《御注》中所呈現之核心概念，即聖人、政治、天命等觀念，進行深入研究。首先，太祖以帝王之身份解《老》，不免於注文中透露其國家初定、君臨天下之消息，《老子》所言之聖人、君子，亦為太祖理解為「帝王」；且帝王乃古代地位最崇高者，是以其帝王意識、修養、治術，乃至政治施為，自為歷代帝王所重視，太祖自不能不於此多所用心。此外，《御注》中「天命觀」概念之出現，亦值得吾人留意。「天命」一詞，《老子》原文中無見，實為太祖諄諄言之者，為何以「天命」解之，其中之原委，更待吾人發掘。

第六章：洪武《御注》中所反映之實際現況

由以上可知，太祖《御注》並非為《老子》做詮解，乃為己之統治找尋其理論基礎，實以《老子》為之己之注腳；且太祖現實意識強烈，其於《御注》中所呈現之崇實思想，或其反應之景況，亦可能為太祖實際政治、社會、經濟……等等各方面之投射。此其中之關連性，頗值得吾人作一對比研究，此章則就明初太祖立國時之各項施政，是否能於其中找出關連性，進而了解其中之大概。

第七章：結論

於整個老學研究史上，其留意現實層面、少玄理、虛幻之注文，確實予《老子》之詮釋方面，開闢了另一條道路，實應有自己之一片勝場；再者，《御

〔註7〕同上。

注》亦提供吾人研究其自身、個人性格及治術之資之絕佳材料，實甚可珍貴。故根據前文所論述，於此作成結論。

第四節　歷代御注概況

帝王御注《道德經》，最初始於梁武帝蕭衍，梁簡文帝蕭綱繼之，梁元帝（蕭繹）、唐睿宗、唐玄宗、宋徽宗、明太祖、清世祖等均曾作過注。蕭衍、蕭綱之注本，於《梁書・武帝紀》有云：

> ……加以文思欽明，能事畢究，少而篤學，洞達儒玄。雖萬機多務，猶卷不輟手，燃燭側光，常至戊夜。造《制旨孝經義》、《周易講疏》，……，《中庸講疏》、《孔子正言》、《老子講疏》，凡二百餘卷，並正先儒之述，開古聖之旨。王侯朝臣皆奉表質疑，高祖皆爲解釋。

《梁書・簡文帝紀》云：

> 太宗（指簡文帝）幼而敏睿，識悟過人，六歲便屬，高祖（指武帝）驚其早就，弗之信也，乃於御前面試，辭采甚美。……所著《昭明太子傳》五卷、《諸王傳》三十卷、《禮大義》二十卷、《老子義》二十卷、《莊子義》二十卷、《長春義記》一百卷、《法寶連璧》三百卷，並行於世。

《梁書・元帝紀》亦云：

> 世祖（元帝）性不好聲色，頗有高名，與裴子野、劉顯、蕭子雲、張纘及當時才秀，爲布衣之交，著述辭章，多行於世。……所著《孝德傳》三十卷、《忠臣傳》三十卷、《丹陽尹傳》十卷，……《老子講疏》四卷、……。

《隋書・經籍志》、《新唐書・藝文志》、《舊唐書・藝文志》均有記載：「《老子私記》十卷，梁簡文帝撰；《老子講疏》六卷，梁武帝撰。」唯缺梁元帝注本，可知此本最早亡佚。唐睿宗注本則見於《崇文總目》，其云：「道德經疏二卷原釋。不著撰人名氏，河上公、葛仙翁、鄭思遠、唐睿宗、明皇諸家注，敘其自疏。」但考查宋以後各正史《藝文志》、私家之藏書目錄，如晁公武《郡齋讀書志》、陳振孫《直齋書錄解題》等，睿宗本亦不復見。故可知至少在唐代，武帝、簡文帝、睿宗此三位帝王之注本尚存；遲至宋朝，則梁武帝、梁

簡文帝之注本皆已亡佚，但睿宗注本尚在，但其後亦亡佚矣。是故帝王注
《老》，現存文本則以唐玄、宋徽、洪武、順治之注本，最爲可觀。現今《正
統道藏》收有前三聖之御注，而清世祖之注本則見於《四庫全書》中，此爲
現今可見御注之原貌也。

　　爲何會亡佚？歷代「兵燹」、「禍亂」是造成書籍亡佚的主因之一。張舜
徽先生指出，中國古籍經過了十次大的災厄，包括《隋書·牛弘傳》中記載
五次大災厄，以及宋應麟《少室山房筆叢·卷一》中，認爲牛弘所論，都是
隋代以前事實，從隋唐以至宋末，又經過了五次大的災厄。故連牛弘所舉的
五厄，總共便有了十厄。〔註8〕再者，前文曾提及現在四聖《御注》影響後代
學者之幅度皆不大，多不爲歷代注老者所取，而其他帝王之《御注》影響就
更小，蓋於《道德經》之詮釋亦無大發揮或獨創見解之故。

　　至於四聖《御注》中存在是否爲帝王一手完成之問題，歷來爭議頗多。
先看清世祖之御制《道德經》，其《御注》實非世祖所注。世祖之御序頒布之
時，年尚幼小，寫序的時間是順治十三年，世祖當時年僅十九歲，十四歲親
政時還不熟悉漢文，且無法辨讀漢人大臣之奏章，據說許多東西都要靠翻譯。
〔註9〕故其御注實爲大學士成克鞏等奉命編校，題名也是「清世祖成克鞏撰」，
確知其非親手所爲。

　　至於唐玄宗部分，玄宗除御制《道德眞經》之外，另有御制《道德眞經
疏》，先看《御注》部分。《舊唐書·陳希烈傳》云：「開元中，玄宗留意經義，
自褚無量、元行衝卒後，得希烈與鳳翔人馮朝隱，常於禁中講《老》、《易》。……
玄宗凡有撰述，必經希烈之手。」又《冊府元龜·卷五十三》曰：「開元十八
年十月，命集賢院學士陳希烈等於三殿講《道德經》。」可知玄宗經常與陳希
烈等集賢院學士一同講釋《老》、《易》等書。但《金石萃編·卷八十三》則
有一條重要資料，其云：

> 朕誠寡薄，嘗感斯文，猥承有後之慶，恐失無爲之理，每因清宴，
> 輒叩玄關，隨所意得，遂爲箋注。豈成一家之說，但備遺闕之文。
> 今茲絕筆，是詢於眾。公卿臣庶，道釋二門，有能起予類於卜商，
> 針疾同於左氏，渴於納善，朕所虛懷。

〔註8〕　張舜徽：《中國古代史籍校讀法》，上海：上海古籍，1962 年，頁 292～293。
〔註9〕　柳存仁：《道家與道術——和風堂文集續編》，上海：上海古籍，1999 年，頁
　　　　223。

玄宗平時努力理解《道德經》之眞理，若有心得，即加以札記。雖如〈陳希烈傳〉所云「玄宗凡有撰述，必經希烈之手」，然玄宗《御注》是出自玄宗自身之手，基本上是正確的。〔註10〕

接著是《御疏》部份。《彭耜·道德眞經集注·卷上·雜說》曰：「王顧等奉玄命撰所注《經疏》」；《玉海·卷五十三》引《集賢注記》亦曰：「開元二十年九月，左常侍崔沔入院修撰，與道士王虛正、趙仙甫並諸學士參議修《老子疏》」；又《顏魯公集》卷十四有〈贈尚書左僕射博陵進孝公宅陋室銘〉一文，其中記載如下：「（開元）二十年春，奉敕撰〈龍門公宴詩序〉，賜絹百疋。延入集賢院修《老子道德經疏》，行於天下。」由此可知，玄宗《御疏》，實際爲《御注》寫作後之延伸，由集賢院的學士與若干名道士之手而進行。然《御疏·釋題》末尾寫到：

> 每惟聖祖垂訓，詒厥孫謀，聰理之餘，伏勤講讀，今復一二詮疏要
> 妙者，書不盡言，粗舉大網，以裨助學者爾。

此若非虛構之言，則可以作如下之推論：即《御疏》之內容中，有相當程度是反映玄宗本身意見，於集賢院中作最後修改。故可得知玄宗之《御注》乃出於自身之手，《御疏》可能非自己所爲，卻也加入一己之見。〔註11〕

關於宋徽宗御解《道德眞經》，僅有一相關資料，即晁公武《郡齋讀書志》云：「《御注老子》徽宗所撰，或云鄭居中視草，未詳。」但其曰「或云」、「未詳」如此語焉不詳，且語氣並非十分肯定。私意認爲，當時或有此一說，晁公武於記錄時順手寫下，然眞實性卻未被證實，故可信度相對減低。對於此一問題，柳存仁先生曾指出：〔註12〕

> 然玄宗績學，徽宗多藝，非不能撰書者。玄宗於儒道佛皆有所涉，
> 徽宗又嘗注《西昇經》、《沖虛至德眞經》（《列子》）。……即唐玄宗
> 之修改《老子》文字，亦出睿斷，實亦非臣下所能妄參末議者也。……
> 其改《老子》「眾人皆有以，我獨頑似鄙，我獨異於人，而貴食母」
> 章最後「食母」二字爲「貴求食於母」，……改文之事小，而此節頗
> 不無躊躇滿志之意，是以前段愚言玄宗之注疏，雖或有群臣爲之稍

〔註10〕（日）麥谷邦夫：《唐玄宗《道德眞經》注疏之撰述與其思想特徵》，收於《道家文化研究》第十五輯，北京：三聯書店，頁360～361。

〔註11〕同上，頁362～363。

〔註12〕同注4，頁473～p476。

參同異之處，要不能不合而視之為一人定論也。

而洪武《御注》，實乃朱元璋親手所注，前文己論及，不再贅述。可知基本上柳存仁先生亦認同除順治《御注》外，開元、政和、洪武《御注》均是帝王一手完成之著作，實各有其特出之處。然本文所論者，則就洪武《御注》，進行全面且深入之研究，其他則且俟之於日後矣。

第二章　明太祖之經歷、文學、思想及其性格

　　本章先就朱元璋之生平背景做一簡單介紹，包括先世、早年艱苦情狀、入寺爲僧、投身軍旅、反元抗戰而最後終得勝利，創建有明一朝等等。其次，就太祖之文學造詣論述，早年生活困苦如此，故未能就學，一般認爲太祖出身低賤，其文采必不彰；但遊食淮西與後來親近儒士，加上自己能留心學問，遂文義漸通，也爲日後注《道德經》打下基礎；最後以儒學爲主、並大力推崇孔孟之學的明太祖，何以爲道家經典《道德經》作注，並嘗試找出其中之關連性。

第一節　經　歷

一、先　世

　　首先了解朱元璋之家世與背景。清・查繼佐之《罪惟錄・太祖高皇帝紀》僅記：「帝初名興宗，改元璋，既貴，改元龍，字國瑞。」甚不詳焉。《明史・太祖本記》則云：「太祖……諱元璋，字國瑞，姓朱氏。先世家沛，徙句容，再徙泗州。父世珍，始徙濠州之鍾離。生四子，太祖其季也。母陳氏。」《明史紀事本末・太祖起義》之記載與此大同小異，不過點明元璋生於「元天歷戊辰九月丁丑」，如此陳述，稍嫌過於簡略；然清楚記載元璋家世背景之文獻，乃由談遷《國榷・卷一》與郎瑛《七修類稿・卷七》之〈朱氏世德碑〉中之

記錄可以得知。《國榷》云：

> 大明太祖聖神文武欽明啓運駿德成功統天大孝高皇帝御諱元璋，字國瑞，濠州鍾離東鄉人。朱姓出顓頊氏，周封曹挾于邾，楚滅之，子孫去邑爲朱，世居沛國相縣。其後散居江南，家句容之通德鄉，稱著姓。云朱家巷，譜系無考，而世艱難農業。有重八府君，娶陳氏，生子三，長伯六娶胡氏，後追尊德祖玄皇帝，次子四九娶侯氏，後追尊懿祖恆皇帝，長子初一娶王氏，生宋末元初籍淘金戶，金非地產，常他市供賦，困焉，遂棄田廬，攜二子徙泗州五一世珍。長年十二，次八歲，仍力田營家泗上足給。……竟卒葬，後追尊熙祖裕皇帝，卒。漸家落，五一兄弟徙盱眙五河，無家居，五一兄弟皆敦謹務德。……故一鄉皆稱次公長者。世珍娶陳氏，徙盱眙，生興隆；徙五河，生興盛興祖；徙鍾離東鄉，……至是王氣始復，太祖生。又徙西鄉，晚徙太平鄉之孤莊村。有一翁指次公曰：美哉八十公，終歸仁德焉。後追尊仁祖淳皇帝，與歲合。

而〈朱氏世德碑〉乃元璋登基之後，回憶以往，親手所作，故其記載更爲詳細眞實，其云：

> 本家朱氏，出自金陵之句容，地名朱家巷，在通德鄉。上世以來，服勤農業。五世仲八公，娶陳氏，生男三人。長六二公，次十一公，其季百六公，是爲高祖考。娶胡氏，生二子，長四五公，次即曾祖考四九公。配侯氏，生子曰初一公、初二公、初五公、初十公，凡四人。初一公娶王氏，是爲祖父母。有二子，長五一公，次先考五四公，諱世珍。元籍淘金戶，非土產，市於他方，以供歲賦。先祖初一公，困於役，遂棄田廬，攜二子遷泗州盱眙縣。先伯考十有二歲，先考才八歲。先祖營家泗州，置田產。及卒，家道日替，由是五一公遷濠州鍾離縣。其後先考君因至鍾離同居。先伯父洎先考君性皆淳良，務本積德，與人無疾言忤色，鄉里稱爲世長。先伯娶劉氏，子四人，重一公、重二公、重三公，皆生於盱眙。次重五公，生鍾離。先考君娶陳氏，泗州人。長重四公生盱眙。次重六公、重七公皆生於五河。某其季也。先遷鍾離，後戊辰所生。先伯考有孫六人，兵興未已，相繼而歿。……重六、重七皆絕嗣。

故綜合上述，可得出以下概論：朱元璋，小名重八，初名興宗，後改名元璋，

字國瑞，共兄弟姊妹六人，元璋排名最小。其先世是早居於淮北沛縣，後徙於江東句容通德鄉之朱家巷，再徙泗州之盱眙，至元璋之父五四（後改名世珍）始定居於濠州鍾離之東鄉，十年後再遷西鄉，最後至太平鄉之孤莊村。母陳氏。祖父朱初一在元初曾是淘金戶，由於地不出金，且要賦稅，後因無力負擔，只有拋下房屋田產，逃至泗州盱眙縣墾荒。由「世艱難農業」、「上世以來，服勤農業」之敘述可知，元璋之先祖世代多是以農業爲生。

二、早歲艱苦

　　元末官府強加於人民身上之科征，比之元初暴增不知幾以上。《元史・食貨志》云：「天曆年間，天下總入之數，視至元七年所定之額，蓋不啻百倍。」加以貪官污吏乘機肆虐，魚肉鄉民，「其問人討錢，各有名目：所屬始參曰『拜見錢』，無事白要曰『撒花錢』，逢節曰曰『追節錢』，管事而索曰『常例錢』，送迎曰『人情錢』，句追曰『賷發錢』，論訴曰『公事錢』，覓得錢多時曰『得手』徐得州美曰『好地方』，補得職近曰『好窠窟』。漫不知忠君愛民之爲何事也。」〔註1〕軍隊更進一步腐化，「將家之子，累世承襲，驕奢淫佚，自奉而已，至於武事，略之不講。但以飛觴爲飛炮，酒令爲軍令，肉陣爲軍陣，謳歌爲凱歌，兵政於是不修也久矣。」〔註2〕再加上通貨膨脹，《元史・食貨志》記載：「交料之散滿人間者，無處無之，……京師料鈔十錠，易斗粟不可得。」單靠務農維生，實是不易。元璋幼時艱困，曾作過牧童，〔註3〕給人看管牛羊；但禍不單行，再加上天災降臨，更讓原本就已貧困之生活，無疑雪上加霜。以元璋自己的話說，即「農業艱辛，朝夕徬徨」。〔註4〕《明實錄・太祖實錄・卷一》清楚記載：〔註5〕

〔註1〕　葉子奇：《草木子》，卷四下，〈雜俎篇〉。北京：中華書局，1959年。

〔註2〕　同注1，卷三下，〈克謹篇〉。

〔註3〕　王文祿：《龍興慈記》，其云：「聖祖（指元璋）幼時，與群兒戲。……殺小犢煮食之，犢尾插入地。……」，收於《叢書集成初編》，北京：中華書局，1985年。

〔註4〕　《御製皇陵碑》。據吳玲之考證，《皇陵碑》有二本，一爲危素撰，一爲太祖御製。《實錄》卷三十七：「洪武二年二月乙亥，詔立皇陵碑，先命翰林侍講學上危素撰文，至是文成，命左丞相宣國公李善長詣陵立碑，一太祖御製，《實錄・卷一一八》，洪武十一年四月：「重建皇陵碑，恐儒臣有文飾，至是復親製文，命江陰侯吳良督工刻之。」危素所撰爲散文，太祖御製則爲韻文，二文並見郎瑛《七修類稿・卷七》，臺北：世界，民國73年。

〔註5〕　台北：中央研究院歷史語言研究所校印，民國57年。後引文皆簡稱《實錄》。

　　歲甲申（元至正四年，1344 年），上（朱元璋）年十七，值四方旱
　　蝗，民飢，疾癘大起。四月六日乙丑，仁祖（朱世珍）崩，九日戊
　　辰，皇長兄（重四）薨，二十二日辛巳，太后（元璋母，陳氏）崩。
　　上連遭三喪，又值歲歉，與仲兄極力營葬事。

此時元璋大哥已死、父母雙亡，三哥早已出贅，〔註6〕正與仲兄（興盛，小名
重六）想辦法安排喪事，但「家甚貧，謀葬無所」到最後竟是無法可想。同
村人劉繼祖「憫其孤苦，與地以葬」。〔註7〕草草結束三件喪事，然日子並無
因此而順遂，天災反而更爲加遽，過著「草木爲糧」之生活，〔註8〕此段悲慘
之過去，朱元璋在其親製之《御製皇陵碑》中有眞實描述：

　　俄爾天災流行，眷屬罹殃。皇考終而六十有四，皇妣五十有九而亡。
　　孟兄先逝，合家守喪。田主德不我顧，呼叱昂昂。既不得與葬地，
　　鄰里惆悵。忽伊鄭兄之慷慨，惠此黃壤。殯無棺槨，被體惡裳。浮
　　掩三尺，奠何肴漿。既葬之後，家道惶惶。仲兄少弱，生計不張。
　　孟嫂攜幼，東歸故鄉。值天無雨，遺蝗勝翔。里人缺食，草木爲糧。
　　予亦何有，心驚若狂。乃與兄計，如何是常。兄云去此，各度凶荒。
　　兄爲我哭，我爲兄傷。皇天白日，泣斷心腸。兄弟異路，哀慟遙蒼。

二哥重六身體「少弱」，且元璋年僅十七，尚未長大成人，家中全是孤兒、寡
母、弱小。大哥重四之寡妻早已帶著兒女，回到故鄉；與二哥商量如何是好，
結果決計「各度凶荒」，各奔前程。剛經歷一場傾家蕩產、天人永隔之慟，隨
之而來是骨肉分別與離鄉背景之慘劇，「兄爲我哭，我爲兄傷。皇天白日，泣
斷心腸。兄弟異路，哀慟遙蒼。」，淒切之情，眞實令人爲之動容。

三、兩度爲僧

　　正要各奔東西之際，鄰人汪氏忽記起元璋小時多疾，曾許爲僧；仲兄幾
經思量，無可奈何之下，也只有答應。遂在汪氏幫助之下，九月乙巳，進入
了皇覺寺，師事高彬法師，當一名小沙彌。〔註9〕但蝗旱之災情實在嚴重，入

〔註6〕　危素：《皇陵碑》，引自郎瑛《七修類稿》。
〔註7〕　《天潢玉牒》。《明史・太祖本祖》亦云：「里人劉繼祖與之地，以克葬。」
〔註8〕　《實錄・卷三十九》：「洪武二年三月丙申，上以旱災相仍，因念微時艱苦，
　　　　及祭告仁祖淳后曰：因念微時皇考皇妣，凶年艱食，取草之可茹者，艱難困
　　　　苦，何敢忘也。」
〔註9〕　事見危素《皇陵碑》、明太祖《御製皇陵碑》、《天潢玉牒》，今引危素《皇陵

寺不到二個月，高彬法師以年飢乏食爲由，遣寺內包括元璋在內所有僧徒外出「化緣」，當一名到處乞食的「游方僧」。實際是另一種形式之逃荒要飯，此種生活，卻也經歷三年之久，游蕩之地包括合肥、光州、固州、汝州、潁州等地；幾年游食飄泊，其中苦難辛酸，從《御製皇陵碑》一文中，尤能呈現此時情景，其云：

> 居無兩月，寺主封倉。眾各爲計，雲水飄颺。我何作爲，百無所長。依親自辱，仰天茫茫。既非可倚，侶影相將。突朝煙而急進，暮投古寺以趨蹌。仰穹崖崔嵬而倚壁，聽猿啼夜月而淒涼。魂悠悠而覓父母無有，志落魄而徜徉。西風鶴唳，俄淅瀝以飛霜。身如蓬逐而不止，心滾滾乎若沸湯。一浮雲乎又過三載，年方二十而強。

文字修辭、形式雖非完善，但其情感之眞摯，卻是吾人可感受得出。最後因家鄉附近不安，才又回到皇覺寺，這時他已年屆二十。〔註10〕

四、投靠軍旅

此時天下正處於元末時局動盪、群雄並起、各據一方、天下大亂之際。據《明史·太祖本紀》云：「當是時，元政不綱，盜賊四起。劉福通奉韓山童假宋後起潁，徐壽輝僭帝號起蘄，李二、彭大、趙均用起徐，眾各數萬，並置將帥、殺吏，侵略郡縣，而方國珍已先起海上。他盜擁兵據地，寇掠甚眾。天下大亂。」可知當時割據勢力，以劉福通、徐壽輝、趙均用、方國珍等人最大，然其他勢力較小的盜賊卻也「擁兵據地，寇掠甚眾」。

元璋這時已回到皇覺寺，轉眼間又過了四年，〔註11〕也就是至正十二年，皇覺寺被兵火燒毀，元璋無處避亂安身；〔註12〕且當時鎮壓反元起義之元軍，毫無紀律可言，到處奸淫擄掠，甚而捕捉無辜百姓爲俘虜，因此人人自危，

碑》之記載爲佐證：「葬既畢，朕煢然無托。念二親爲吾年幼有疾，嘗許釋氏，遂請於仲兄，師事沙門高彬於里之皇覺寺，鄰人汪氏助爲之禮，九月乙巳。」

〔註10〕此事《明史·太祖本紀》、《天潢玉牒》、危素《皇陵碑》均有記載，然以危素《皇陵碑》較爲詳細，其云：「是年蝗旱，十一月丁酉，寺之主僧歲歉不足以供眾食，俾各還其家。朕居寺時甫兩月，未諳釋典，罹此饑饉，傍徨三思，歸則無家，出則無學，乃勉而游食四方。南歷金斗，西抵無錫，北至潁州，崎嶇二載。泗州盜起，剽掠殺人。時承平既久，列郡騷動，仍還皇覺寺。」

〔註11〕《皇朝本記》：「復入皇覺寺，……方四年。」

〔註12〕談遷：《國榷》云：「壬辰，至正十二年。辛丑，兵焚皇覺寺，上出避，日暮無依歸。」

惶惶不安。《天潢玉牒》對此記載尤詳，其云：

> 至正辛卯，潁毫蘄黃有警，皆繫紅為號。春，陷濠梁時，元將至，
> 略民為俘，鄰境騷動。太祖為訛言所逼，懼禍將及，出為元兵，恐
> 紅軍至；欲入紅軍，畏元兵至，兩難莫敢前。

正當元璋徬徨歧路、左右為難，不知是入元軍，還是入紅軍之際，曾是孩童時代的伙伴，正好從濠州捎來一封信，勸他投靠紅軍隊伍。信中主要內容為「今四方兵亂，人無寧居，非田野間所能自保之時也。」〔註13〕正在憂懼的當時，沒料想風聲走露，被旁人知悉。正走投無路之際，亦唯有求助於神。元璋再三求神問卦，獲伽藍菩薩「必從雄而後已」之吉卦後，〔註14〕決心投奔反元隊伍中。此時心情，《御製皇陵碑》有最真實之印證：

> 友人寄書，云及趨降，既憂且懼，無可籌詳。旁有覺者，將欲聲揚。
> 當此之際，逼迫而無已，誠與智者相商。乃告之曰，果束手之待罪，
> 抑奮臂而相戕。智者為我計畫，且陰禱以默相。如其言往，卜去守
> 之何祥。神乃陰陰乎有警，其氣郁郁乎洋洋，卜逃卜守則不吉，將
> 就凶而不妨。

在「卜逃卜守則不吉，將就凶而不妨」情況下，元璋作出決定後，即於閏三月甲戌這一天，入濠州投奔郭子興部下。雖然初始與子興隊中門卒發生誤會，被誤認為是元軍間諜，但「狀貌其偉異常人」，被郭子興所賞識，收為步卒，旋又收為九夫長，再拔至親兵。因「度量豁達」、「有智識」，即妻之以昔馬公之女，就是後來的馬皇后。《實錄·卷一》詳細記載元璋之發跡史，其云：

> 乃以閏三月甲戌旦抵濠城。入門，門者疑以為諜，執之欲加害，人
> 以告子興。子興遣人追至，見　上狀貌奇偉異常人，因問所來，具
> 告之故。子興遂喜，留至左右。尋命長九夫，常召與謀事，甚見親
> 愛，凡有攻討，即命以往，往輒勝，子興由是兵益盛。……　上時
> 未有室，子興欲以女妻上，與張氏謀曰：「昔馬公與吾相善，以女托
> 我，今不可負，當為擇良配，然視眾人中，未有當吾意者，因言上
> 度量豁達，有智略，可妻之」。張氏曰：「吾意亦如此。今天下亂，
> 君舉大事，正當收集豪杰，與成功業，一旦後或為他人所親，誰與

〔註13〕《實錄·卷一》。
〔註14〕見《皇朝本記》。而《明史。太祖本紀》則曰：『……「得毋當舉大事乎？」
　　　　卜之吉，大喜。』

　　共成事者？」子興遂意決，乃以女妻上，即孝慈高皇后。

其後，軍中便稱爲「朱公子」。〔註15〕元璋靠自己努力與奮鬥，加上把握反元時機，很快從步卒、親兵、鎭撫、總兵官、左副元帥、大元帥，地位一步步上升。這其中割據勢力之發展，大致分爲：1、劉福通奉韓林兒爲帝，號小明王，建國曰宋，建元龍鳳。元璋在此一勢力中，奉龍鳳年號。2、陳友諒，沔陽漁家子。徐壽輝兵起，友諒往從之，依其將倪文俊爲簿掾。文俊謀弑壽輝，不克，友諒遂乘釁殺文俊，并其兵；後友諒殺徐壽輝，以采石五通廟爲行殿，即皇帝位，國號漢，改元大義。3、張士誠，小字九四，泰州白駒場亭人。有弟三人，共以操舟運鹽爲業，緣私作姦利。招少年起兵，鹽丁方苦重役，遂共推爲主，陷泰州。高郵守李齊諭降之，復叛。有眾萬餘。紿殺李齊，襲據高郵，自稱爲王，僭號大周，建元天祐，是歲至正十三年也。〔註16〕此均爲朱元璋日後所一一剷平之割據勢力。於至正十六年，稱吳國公（明史・太祖本紀）；至正二十七年，正式稱帝，國號改明，建元洪武。其建國之過程，實採納劉基之建議：「士誠自守虜，不足慮。友諒劫主掠下，名號不正，地據上游，其心無日忘我，宜先圖之。滅陳氏，張氏勢孤，一舉可定，然後而向中原，王業可成也。」《御製皇陵碑》與《明太祖御製文集・紀夢》均有記載。

《皇陵碑》云：

> 朕雜處兵間，與元兵相拒。期年，元兵敗去，得其義兵三千人於定遠，遂立帥之夜襲元將知樞密院事老張。既遁，得其民兵男女七萬人，攻逐元將參政野先。及移師淮州，轉戰和陽，渡江擊采石，撫太平，定業建康。將相協心，賢能匡贊。西平陳友諒，東翦張士誠。南廓八閩，百粵奉款，中原順服，兵進幽燕，元君棄宗社而去。朕以十五年間，遂成大業。

《明太祖集・紀夢》則更爲詳實，其曰：

> 當時予雖在微卒，嘗觀帥首之作，度之既久，甚非良謀。明年春，元將賈魯死，城圍解。予歸鄉里，收殘民數百，獻之於上官，授我爲鎭撫。當年冬，彭、趙僭稱，部下者多凌辱人，予識彼非道，棄數百人，内率二十四名銳者，南遊定遠。忽有義旅來歸者三千，率練之六月，取橫澗山，破義兵營，得軍二萬餘。入滁陽，葺城以守

〔註15〕《明史・太祖本紀》、談遷：《國榷・卷一》、《實錄・卷一》

〔註16〕俱見《明史》各本傳。

之。又明年春。兵入和陽，與元兵戰三月而元兵解去。乙宋夏六月，親渡采石江，下姑孰。丙申，入建業，集兵十萬，堅守江左，秣馬厲兵。後三年，發兵四征，又三年，西定湖湘，東平吳越。所得壯士，精弱半之，七十餘萬，江南已定，臣民擁戴，以明年戊申正月即皇帝位，朕許之。

經過十七年南征北討，終於一統天下，推翻由蒙古統治長九十年的元王朝，天下正式成爲朱元璋一人所有，朱元璋成爲繼漢高祖劉邦後，中國第二位起自平民階級之「布衣皇帝」。

第二節　文學造詣與其思想

一、文學造詣與其著作

（一）早年時期

前文曾論及，元璋早歲艱苦，非天潢貴胄，且世代務農，長於軍旅，亦未嘗能多讀書。柳存仁先生曾指出：「其早年所受之教育，以迄投郭子興求軍功時止，蓋可能常識多於書本。」〔註17〕故吾人對太祖之學問文章，總是「不贊一辭」。文獻上記載元璋早年之學習情形，計有二處。其一是《實錄·卷一》，曰：「既就學，聰明過人，事親至孝。」；其次爲《皇朝本記》，其云元璋游方乞食：「如此三載，復入皇覺寺，始知立志勸學」。從「既就學」一詞來看，應是入童蒙館，接受私塾教育，僅能獲得些啓蒙知識。故並非沒有受過教育，困苦環境下，讓早年之元璋無法完整受教，亦有此可能。再從「復入皇覺寺，始知立志勸學」此一條來看，在皇覺寺這幾年，曾經由禮佛頌經之過程中，奠定他的文學基礎；且四間游歷淮西各地，接觸不同之人事物，擴大了眼界，自對其文學素養提供助力。

（二）留心學問

朱元璋眞正留心學問，應是始於投郭子興部時。徐禎卿《翦勝野聞》中曰：「太祖在軍中，甚喜閱經史，後遂能操筆成文章。嘗謂侍臣曰：『朕本田家子，未嘗從師指授，然讀書成文，釋然自順，豈非天授乎？』」此文驕氣甚

〔註17〕柳存仁：〈道藏本三聖註道德經之得失〉，收於《和風堂文集》，上海：上海古籍，1991年，頁479。

囂，不類元璋個性；然喜閱書，能操筆成文，則可信矣。又多親近儒士，從中學習各種知識。談遷《國榷》中有此一條：「吳王（指朱元璋）微時，目不知書。起兵後，日親諸儒，流覽神解，手撰書檄，注射簡峭，文士顧不及也。」〔註18〕或於行伍空隙、萬機之暇，抽空閱讀。谷應泰云：「然身在行間，手不輟書，禮致儒臣，深思治道。」〔註19〕清人趙甌北（翼）對此有詳實考證，其云：〔註20〕

> 下金華後，聘劉基、宋濂在軍中，朝夕討論，固人所共知。而其初取滁州，范常謁見，即留置幕下，有疑輒問。（至正十三年事）渡江取太平，即召陶安參幕府。（十五年）克集慶，即辟夏煜、孫炎、楊憲等十餘人。取鎮江，聞秦從龍宿學，即令從子文正、甥李文忠以金幣聘致；常書漆簡，問答甚密。又以從龍薦聘陳遇，侍帷幄，呼為先生而不名。（十六年事）取婺州，即辟范祖幹、葉儀、吳沈、許幹、葉瓚玉、胡翰、汪仲山、李公常、戴良等十三人，會食省中，分直講經史。（十七年事）計其時，距起兵纔數年，已留意文事如此，故文義已早通貫。其見於諸臣傳者，如范常在幕下，帝晏閒，輒命儒臣列坐賦詩。常每先成，帝笑曰：「老范詩質樸，似其為人也。（見明史各本傳）初下徽州，朱允升請留御書，即親書梅花初月樓賜之。（雙槐歲抄）與陶安論學術，賜之門帖曰：「國朝謀略無雙士，翰苑文章第一家。」（安傳）征陳友諒，過長沙王吳芮祠，見胡閏所題詩，大愛之。（閏傳）郟陽戰勝，與夏煜等草檄賦詩。（煜傳）宋濂不能飲，帝強醉之，御製楚詞以賜；又以良馬賜濂，親製白馬歌。（濂傳）此皆未稱帝以前事也。

稱帝後，亦好學不倦，故學問進步神速，達到不少儒士均難以望其項背之地步。談遷云：「昧爽臨朝，日晏忘餐，虛心請問，從善如流。退朝之暇，即延接儒臣講論經典，取古帝王嘉言善行，書置殿廡，出入省觀。……凡詔誥命

〔註18〕徐禎卿，字昌穀，《明史》卷二八六有傳。其《翦勝野聞》為一歷史筆記小說，史家風評頗惡。如王世貞《弇山堂別集・卷二十》，列《翦勝野聞》為「輕聽而多舛」類，而言曰：「其人生長閭閻間，不復知縣官事，謬聞而述之，若祝枝山（允明）《野記》、《翦勝野聞》之類是也。」故此一記錄僅作參考，以《國榷》所載為實。

〔註19〕見《明史紀事本末・卷十四・開國規模》。

〔註20〕《廿二史劄記・卷三十一・太祖文義》

令，詞皆自製。」〔註21〕不僅如此，元璋爲文主張「宜明白顯易，通道術，達時務」，且博學多藝、親近風雅，能爲散文，嘗作詩，亦兼習駢體；更熟於史事、留意經學。〔註22〕故趙甌北於太祖文章頗多褒揚，其曰：

> 然其文學明達，博通古今，所傳御製集，雖不無詞臣潤色，然英偉
> 之氣，自不可掩。……況帝自幼未嘗讀書，長於戎馬間，又未暇
> 從事佔畢，乃勤於學業，遂能貫通如此，固命世雄才之一端哉。

由此可知，明太祖朱元璋雖出身卑微，早年失學，卻非不知書、不讀書，學無師承，靠著自己刻苦學習與長期征戰中實際親近知識份子，並禮遇儒生，留意學問，後漸能博識古今、貫通文義，最終竟成了「文學明達，博通古今」之人物。這對於以後注解《道德經》，實有莫大助益。

（三）太祖文學涵養與著作

太祖雅好文墨，嘗親書手諭告誡臣工，御製詩文與儒臣唱和，或親爲聖旨、票帖、詔誥以指畫軍國大事，故所作文章實多，然個性卻不喜親自書寫，多由大臣在旁筆錄，宋濂及解縉均曾在著作中談及太祖不喜親手書寫之個性，宋濂曾說：「帝爲文，性不喜書，詔濂坐榻下操觚受詞，食頃，滾滾千餘言，出經入史。」解縉亦說：「高皇帝睿思英發，頃刻數百千言，臣縉載筆從草書，連幅不及停。比進，才點定數字而已。」〔註23〕可見太祖爲文多半親自口授，文臣代爲筆錄，但由於太祖出口成章，據解縉云，數千言之文，最後只更改數字。可知太祖日理萬機，能親自撰寫詔書與誥敕，亦不足爲奇。不僅如此，太祖之著作亦頗豐，郎瑛之《七修類稿·卷三十七》有一條記載云：

> 痛三綱淪而九法斁，無以新耳目而示勸懲，首作《大誥三編》，欲戒
> 後代人君臣民之愚癡。作《資世通訓》，以禮樂不協於中。成書曰《大
> 明集禮》，倣周禮而爲治天下之宏綱。作諸司職掌曰《大明律》，曰《大
> 明令》，所以立世法也。曰《洪武禮制》，曰《禮儀定式》，所以詳世
> 禮也。《清教錄》，所以戒僧道也。《大明一統曆》，所以欽天道也。定
> 字義書曰《洪武正韻》，後以未當，命劉三吾重編，曰《韻會定正》。

〔註21〕《國榷·卷十》。葉盛《水東日記·卷一·太祖御製文集》亦有此類記載：「太祖皇帝御製文集共若干卷，奇古簡質，悉出聖製，非詞臣代言者可及。今世所傳刻賜劉伯溫書誥等文，及嘗見賜孔祭酒眞跡，皆是也。」

〔註22〕同注 12。

〔註23〕黃景昉：〈洪武、建文〉，收於《國史唯疑》，台北：正中，民國 58 年，頁 24～25。

念農勞而命戶部計田之數，以爲文武俸數，作《省貪簡要錄》。見功臣器用踰制，命翰林院考漢、唐、宋封爵之數，編《稽制錄》。編歷代宗室諸王善惡者以類，曰《永鑑錄》。後又有《昭鑒錄》。編歷代爲臣善惡可以勸戒者，曰《世臣總錄》。訂正蔡氏書傳，名曰《書傳會選》。取大禹所敘、箕子所陳、有益治道者，作《洪範註》。紀天道路者，書曰《寰宇通衢》。載文武官屬體統，及簽書案牘次第，軍士月糧宿衛屯田者，曰《政要錄》。自敘得之艱難，與更胡俗書，曰《祖訓錄》。又欲貽孫謀以昭燕翼，成書曰《皇太祖訓》。言喪服者曰《孝慈錄》。取五經四書敬天忠君孝親而成者，曰《精誠錄》。集歷代祭祀祥異感應可爲鑒戒者，名曰《存心錄》。編漢唐宋災異應於臣下者，名曰《省躬錄》。以致《道德》有《註》，《論語》有《解》。諸經元史有纂。至哉王心，無一事不加之意也；創業之君，所以難歟。

其著作之豐，可見於一斑。潛齋先生曾以故宮博物院所藏七十四道明太祖御筆，分析太祖之文章風格，其云：「明太祖因爲出身『低賤』，其經驗異於常人；他是從生活體驗中增長學問，與一班士大夫階級受教育的方式不同，所以他的文章，很少有廟堂氣，是道地的平民文學。……信乎文壇上不可能有明太祖的地位。……過去的文人學士階級，未免成見太深，非得咬文嚼字，引經據典，不得謂爲好文章。若是昔日的士大夫們不以明太祖的文字爲淺陋，而憬然領悟其自身迂闊之弊……從事淺近易懂，而又切合實用語的語體文。……讀了明太祖御筆之後，我們覺得對於他的文章，應予以新的評價。」〔註24〕簡言之，從來吾人對太祖不學無術與不通文墨之刻板印象，均須重新改觀與定位，並有正確了解和認識。

二、雜揉之思想

　　明太祖朱元璋之思想，是相當複雜且多樣。之所以會如此，早年務農貧困、入皇覺寺爲僧、遊食淮西等等之生活經驗，自然異於常人。且遊食淮西時，地域包括廬、六、光、固、汝、穎等六州的廣大地區，對於其知識與見聞增加，必然助益不少，視野也較一般人寬闊；同時還參加當時白蓮教反元活動，此留待後作詳細交代。然在投軍時於伽藍神前擲爻問吉凶，更充滿道

〔註24〕潛齋：〈明太祖御筆〉，《大陸雜誌》第十卷，第四期。

教迷信之色彩；前文亦提及太祖受過短暫私塾教育，私塾夙以儒家思想爲主，再加上此時正是理學活躍之時代，這些均不能不對其思想產生影響。故知太祖思想乃是儒釋道三教雜揉，以下則分別論述之。

（一）以孔子為主之儒家思想

明太祖重儒士之搜羅是眾所周知之史實，前文引趙甌北《廿二史札記》已論及。〔註25〕《明史·儒林傳》亦云：「明太祖起布衣，定天下，當干戈搶攘之時，所至徵召耆儒，講論道德，修明治術，興起教化，煥乎成一代之宏規。雖天亶英姿，而諸儒之功不爲無助也。」於有明一朝之建立，除太祖之外，其幕府中諸儒士如劉基、宋濂、范祖幹、葉儀、陶安……等等亦功不可沒。然此時正當程朱理學興盛之際，《明史·儒林傳》云：「原夫明初諸儒，皆朱子門人之支流餘裔，師承有自，矩矱秩然。」可知太祖受理學影響之廣泛深遠，並對孔孟之學加以贊頌與推崇了。然而早於太祖自得根據地之初，便已有留心人才、尊崇孔子之舉。明初唐桂芳云：「龍鳳元年（至正十五年），大丞相（指朱元璋）統軍下太平，克應天，首謁夫子廟，行舍菜禮。二年，立三老堂以尊遺俠、博士院以蓄英才，凡講明治道，悉資匡弼。」〔註26〕之後對於儒學之推崇，更與日俱增。《明史·太祖本紀》記載，至正十八年攻婺州，「大破之，婺州降」、「辟范祖幹、葉儀、許元等十三人，分直講經史」，《明史·范祖幹傳》亦云：「祖幹持《大學》以進，太祖治道何先，對曰：『不出是書。』太祖令剖陳其義，祖幹謂帝王之道，自修身齊家以至治國平天下，必上下四旁，均齊方正，使萬物各得其所，而後可以言治。太祖曰：『聖人之道所以爲萬世法。吾自起兵以來，號令賞罰，一有不平，何以服眾。夫武定禍亂，文致太平，悉是道也。』」至正十九年，太祖欲取浙東未下諸郡，行前，集諸將論之曰：「仁義足以得天下，而威武不足以服人心。夫克城雖以武，而安民必以仁。……政當撫卹，使民樂於歸附，……民必歸於寬厚之政，爲將者能以不殺爲心，非惟國家所利在，己亦蒙其福。」至正二十四年，太祖諭中書省臣云：「先王之世，不施賞而勸於善，不施罰而民不爲非，若是何也？有仁義以爲之本也。夫聖人統馭四海而宰制萬物者，仁以居之，義以行之。是故商變乎夏，周變乎商，而仁義未嘗改也。天之生民，治亂相繼，亙萬世而不易者，其惟此乎！」〔註27〕吳元年時，太祖至白

〔註25〕《廿二史箚記·卷三十六》之〈太祖重儒〉一條，亦可資參考。
〔註26〕唐桂芳：〈重修興安府孔子廟記〉，收於《白雲集》，四庫全書本。
〔註27〕《實錄》卷七、卷十四。

虎殿，見諸子有讀《孟子》書者，問許存仁：「孟子何說為要，對曰：『勸國君行王道，施仁政，省刑薄賦，乃其要也。』上曰：『孟子專言仁義，使當時有一賢君能用其言，天下豈不定於一乎？』」〔註28〕認為孔子是「萬世帝王之師」，孔孟之道可以「為萬世法」，「武定禍亂，文治太平」，確認孔孟倡導的仁義是「統馭四海而宰制萬物」之本，是「亙萬世而不易」、能「定於一」之規。

　　不惟如此，在建國之前，太祖還二次晉謁孔廟，表示對孔子之尊崇。一次是至正十六年，九月，「上（朱元璋）如江淮府（今鎮江），入城先謁孔子廟，分遣儒士，告諭鄉邑，勸耕桑，築城開塹」；另一次是至正二十四年，陳友諒江西行省丞相胡延瑞以龍興路歸降，元璋親至龍興受降後，「謁孔子廟」、「存恤鰥寡孤獨」，慰告「城中父老民人」。〔註29〕《明史紀事本末・卷十四》亦記載：

> 至正二十六年，夏六月。命有司訪求古今書籍，藏之秘府，以資覽閱。因謂侍臣詹同等曰：「三王五帝之書不盡傳於世，故後世鮮知其行事。漢武帝購求遺書，六經始出，唐虞三代之治可得而見；武帝雄才大略，後世罕及，至表章六經，闡明聖賢之學，尤有功於後世。吾每於宮中，無事，輒取孔子之言觀之，如節用而愛人，使民以時，真治國良規，孔子之言，誠萬世師也。

建國後，對孔子之尊崇更有增無減，其具體之表現為祭孔之崇敬與對衍聖公與孔裔的禮遇。《實錄・卷三十》中記載，洪武元年，「詔以大牢祀先師孔子于國學，仍遣使詣曲阜，致祭使行。上（太祖）謂之曰：『仲尼之道，廣大悠久，與天地相並，故後世有天下者，莫不致敬盡禮，脩其祀事。朕今為天下主，期在明教化，以行先聖之道。今既釋奠國學，仍遣爾脩祀事于闕里，爾其敬之。』」而《實錄・卷三十六》亦記載其對衍聖公，即孔子後裔之尊崇，曰：「……至於孔子，雖不得其位，會前聖之道而通之，以垂教萬世，為帝者師。其孫子思，又能傳述而名言之，以極其盛，有國家者，求其統緒，尊其爵號，蓋所以崇德報功也。歷代以來，膺襲封者或不能繩祖武，朕甚閔焉。今當臨馭之初，訪世襲者，得五十六代孫孔希學，大宗是詔。爰行典禮，以致褒崇。爾其領袖世儒，益展聖道之用於當世，以副朕之至望，豈不偉歟！可資善大夫，襲封衍聖公。」如此尊崇，可知孔子之學於太祖思想中佔有主

〔註28〕《實錄・卷二三・庚戌》
〔註29〕同註21，卷四、卷十。

導地位，「孔子之言，誠萬世師也」，且是奉爲治國之良規，必須遵守，更是
確信孔子之道實對國家世道有所助益之具體表現。

（二）雜以佛道兩家

前面曾提及太祖年少時複雜之經驗，除儒學影響外，佛道（此指道教）
於其自身亦有深刻之影響。元璋早年捨入皇覺寺爲僧，後雖游食淮西，最後
還是回到皇覺寺，其間頌經禮佛，故其於佛教自有一定程度了解，其傾向於
佛教乃自然之事；後投郭子興部，加入白蓮教即明教反元抗爭中。白蓮教源
出佛教之淨土宗，奉彌勒佛，倡言彌勒下生即可「豐樂安穩」，借以煽惑愚民。
隋唐以來，一再作亂；到了宋朝，又與明教即摩尼教相合；彌勒下生之外，
復有「明王出世」之說。元代佛教盛行，白蓮教既崇奉彌勒，因之反蒙古之
政治民族運動，即利用之以爲掩護而大肆活動。〔註30〕至正十一年，潁州白
蓮教徒劉福通，奉韓山童爲首領舉兵。山童係河北欒城人，父親和祖父均是
白蓮教徒，一面以彌勒佛爲號召，一面捏稱自己是宋徽宗後裔，欲用民族意
識，激起漢人對蒙古人的反感。山童雖失敗而死，而福通在軍事上則節節勝
利，擁山童之子林兒爲名義上的領袖。〔註31〕同時其他各地白蓮教徒，紛起
響應，皆以紅巾爲號，號稱「紅軍」；〔註32〕然郭子興部名義上臣屬於韓林兒，
而太祖則隸於郭子興。《明史‧太祖本記》云：「三月，郭子興。時劉福通迎
立韓山童子林兒於亳，國號宋，建元龍鳳。檄子興子天敘爲都元帥，張天祐、
太祖爲左右副元帥。太祖慨然曰：『大丈夫寧能受制於人耶？』遂不受。然念
林兒勢盛可倚藉，乃用其年號以令軍中。」由此可知太祖受白蓮教薰陶之深。
且太祖遊食合肥、汝、潁、光、固等地，這些地方，均爲白蓮教繁殖區域，
亦見其與白蓮教之關係。〔註33〕此乃建國前之事也。建國之後，於洪武初年
在金陵（南京）蔣山大會各地高僧、大德，舉辦法會超渡死難將士，爲國祈
福。《明史‧李仕魯傳》記載：「帝（太祖）自踐祚後頗好釋氏教，詔徵東南

〔註30〕 李守孔：〈明代白蓮教考略〉，收於陶希聖等著：《明代宗教》，台北：學生，
　　　　 民國58年，頁17～18。

〔註31〕 見《元史‧順帝紀五》

〔註32〕 《明史‧韓林兒傳》：「時皆謂之『紅軍』，亦稱『香軍』。」

〔註33〕 關於明太祖與明教、紅軍、白蓮教之淵源糾葛，吳晗、李守孔二人嘗撰文論
　　　　 之，此處不贅述。吳文：〈明教與大明帝國〉，收於《吳晗史學論著選集》（全
　　　　 四冊），北京：人民，1988年。李文：〈明代白蓮教考略〉，收於包遵彭主編：
　　　　 《明代宗教》，台北：學生，民國57年。

戒德僧數建法會於蔣山。」《明·高僧傳·釋大同傳》云：「太祖皇帝御極，設無遮大會於鍾山，召師（釋大同）入見武樓。」宋濂〈蔣山佛會記〉亦述其事，其曰：「皇帝御寶曆之四年，……乃冬十有二月，詔徵江南有道浮屠十人，詣於南京，……就蔣山太平興國禪師，廣建法會。……」〔註34〕佛教於太祖之影響實深遠矣！

　　此外，太祖因其家世、環境關係，亦好方術。其外祖父以巫術行世，曾經是位巫師；〔註35〕其王父信堪輿術，有葬身龍脈之說。王文祿《龍興慈記》載：

> 泗州有楊家墩，墩下有窩，熙祖（太祖王父）嘗臥其中，有二道士過，指臥處曰：「若葬此，出天子。」……熙祖語仁祖（太祖父），後果得葬。葬後……半歲，陳后（太祖母）孕太祖，皆言此墩有天子氣。……仁祖崩，太祖舁至中途，風雨大作，索斷，土自為壅，人言葬九龍頭上。……

太祖誕生前後，又有所謂靈蹟異象出現，《天潢玉牒》載：

> （元）天曆元年戊辰龍飛濠梁；九月十八日，高祖皇祖降誕。先是，陳太后在麥場，見西北有一道士，修髯簪冠，紅服象簡，來坐場中，以簡撥白丸置手中，太后問曰：「此何物也？」道人曰：「大丹，你若要時，將與你一丸。」不意吞之，忽然不知何往。及誕，白氣自氣東南貫室，異香經宿不散。後不能食，淳皇（太祖父）求醫歸，有一僧奇偉，坐於門側，曰：「翁何往？」淳皇曰：「新生一子，不食。」僧曰：「何妨，至夜子時，自能食。」……至夜半，信然。

《皇朝本紀》亦載：「上自始生，常有神光滿室，每一歲間，家內必數次夜驚；以有火，急起視之，惟堂前供神之燈，他無火。」此幾段所記，雖不免有浮夸之詞，然由是可見其家庭崇信神佛之一斑，自然對元璋起了不少作用。及其年長，入皇覺寺為僧，以食不給，離寺遠遊，復有異人相護之故事，《實錄·卷一》云：

> 至合肥界，遇兩紫衣人，欣然來就，約與俱西。數日，上忽病寒熱，

〔註34〕見《宋學士全集·卷十一》，北京·中華，1985年。
〔註35〕《明史·外戚·陳公傳》云：「……。颶風吹舟，盤旋如轉輪，久不能進，元將大恐。統領知王（指陳公）善巫術，遂白而出之。王仰天叩齒，若指麾鬼神狀，風濤頓息。元將喜，因飲食之。至通州，送之登岸，王歸維揚，不樂為軍伍，避去盱眙津里鎮，以巫術行。」

兩人解衣覆上身，夾待而臥，調護甚至。病少差，復強起行，行數
日，至一浮圖下，兩人者辭去，謂上曰：姑留此，待我三日。三日
疾愈，兩人亦不至。

太祖之從雄起事，據云亦受神之指示。其時群雄並起，太祖謀避兵，禱神卜去
向。前文已提及，茲不贅述。然太祖在奪取政權的時候，曾利用一些道士爲其
出謀劃策。周顚仙即是其中之一。《明太祖集・周顚仙人傳》云：「朕將西征九
江（伐陳友諒），特問顚者曰：『此行可乎？』應聲曰：『可。』……朕謂曰：『此
行你偕往可乎？』曰：『可。』……後兵行帶往，至皖城，無風，舟師難行。遣
人問之顚者，乃曰：『只管行，只管有風。無膽不行，便無風。』……不十里，
大風猛作，揚帆長驅，遂達小孤。」後命人殺之，不死。遂不知所之。數年後，
元璋患熱症，忽一赤腳僧奉周顚仙之命前來送藥，服之，「當夜即癒」。又任用
鐵冠道人張中，《實錄・卷十三》云：「張鐵冠者，名中，字景和，臨川（今屬
江西）人，少應進士舉不第。遇異人投以皇極數，談禍福多驗。元末兵亂。歸
憶幕府山。……壬寅，陳友諒圍南昌，上帥師下之。參政鄧愈薦中，上問之曰：
『予定南昌，兵不血刃，市不易肆，生民自此蘇息否？』中對曰：『天下自此大
定，但此地旦夕當流血。』……後指揮康泰反，一如中言。……及友諒復圍南
昌，上忽得異夢，命占之。……鐵冠曰：『宜亟援江西。』後三日，報果至，上
遂親將兵往。復召間中，中曰：『是行勿遲，五十日當大勝。戊亥之日，獲其首
領。』常遇春等與友諒戰，率舟師深入，敵圍之數重。眾謂不可出，中曰：『勿
憂，當自出。』既而果出。其他奇中，往往類此。」〔註36〕元璋在行軍作戰過
程中曾讓道士參與其軍事決策，足見其信任之深。〔註37〕佛道二者對太祖之影
響，是從少年時期開始，其重要性亦是相當深入。

（三）三教合一之思想

故太祖之思想是相當複雜多樣，佛道思想，與其儒家思想是相互並重。
建國之初，又爲政權之建立與鞏固，亦與佛道兩教保持良好關係。誠如前文
所論，太祖以儒學爲最主要，佛道兩者爲輔，惟儒學與佛道之本質畢竟不同，

〔註36〕據記載，張中爲朱元璋在軍中參謀戰事，行道術屢有應驗，朱元璋稱帝前，
　　　　曾以國號徵詢張中及身懷異術的貝國器之意見，貝答國號「當是大明」，張答
　　　　年號「當是洪武」。見《古今圖書集成博物匯編・神異典》第二五六卷。亦見
　　　　其器重之意。
〔註37〕卿希泰主編：《中國道教史》1～4冊，台北：中華道統，1997年，頁416。

衝突在所難免。為了化解三教衝突，同時穩定政權，太祖遂以調和三教為己任，使皆能為己所用以利於治道。為了調和合三教，嘗撰〈三教論〉、〈釋道論〉等文，闡明其對三教之態度。其曰：「夫三教之說，自漢歷宋，至今人皆稱之。故儒以仲尼，佛祖釋迦，道宗老聃。……若崇尚者從而有之，則世人皆虛無，非時王之治。若絕棄之，則世無鬼神，人無畏天，王綱力用焉。於斯三教，除仲尼之道，祖堯舜，率三王，刪詩制典，萬世永賴；其佛仙之幽靈，暗助王綱，益世無窮，惟常是吉。嘗聞天下無二道，聖人無兩心。三教之立，雖持身榮儉之不同，其所濟給之理一，然於斯世之愚人，於斯三教並有不可缺者。」〔註38〕又曰：「……假如三教惟儒教者，凡有國家，不可無。……釋迦與老子雖玄奇過萬世，時人未知其的，每所化處，宮室殿閣，與國相齊，人民焚香叩禱，無時不至。二教初顯化時，所求必應，飛悟有之，於是乎感動化外蠻夷及中國。假處山藪之愚民，未知國法，先知慮生死之罪，以至於善者多而惡者少，暗理王綱，於國有補無虧，誰能知識。凡國家常則吉，泥則誤國甚焉。」〔註39〕雖以儒教為萬世永賴之正統主流，但絕不棄絕排斥佛道。蓋深信二教能教化「愚人」，暗助王綱，對政權建立與穩定有相當作用。此不僅因二教勢力已大，事實上無法完全禁絕；更重要者，實因太祖逕視宗教為達到政治教化目的之必要工具，太祖乃採調和政策，使二者皆隸屬於政治之下，利用之以達陰翊王度之目的。

　　曾利用僧道以奪取政權的朱元璋，深知對佛道運用得當，對維護封建統治十分有利；但如任其發展，又會損害統治者的利益。鑒於道教在元末發展較濫。有些道徒已因貴盛而漸趨腐化，一些僧道皆不循本俗，污教敗行，為害甚大；而有些隱於僧道之間者，在明初仍一遇機會，即圖謀不軌。因此他在尊崇道教的同時，又不斷制定各種規章，以加強對佛道的管理和約束。從而逐漸形成一套對道教既尊崇又抑制的雙重政策，目的是使道教不致偏離他所要求的化導民俗、維護其封建統治的發展軌道。

　　由此可見，太祖是三教互補、三教並用論者。〔註40〕但三教中以儒教為

〔註38〕 〈三教論〉，收於錢伯城、魏同賢、馬樟根主編：《全明文》第一冊，上海：上海古籍，1992年，卷十。

〔註39〕 同注38，〈三教論〉、〈釋道論〉。

〔註40〕 沈德潛：《萬曆野獲編補遺·卷一》，〈聖祖兼三教〉云：「太祖深於竺乾之學，……洪武四年，蔣山佛會諸靈應記，皆昭然爾。且至七年，上手注《道德經》，出示群臣。至十年，上與群臣論日月五星之行，……其後遂召諸名儒考訂損益，

最主要，其次才是佛道二教，從而確定了以儒學爲主，釋道爲輔之基本方針。

第三節　太祖之性格

一、崇實賤虛之個性

太祖之個性爲何，吾人可從《實錄》所記錄其言其行，窺知一二。《實錄·卷二十一》，記載元至正二十六年，其云：「吾平日爲事，只要務實，不尚浮僞，……不事虛誕。」談到新王朝建立後如何休養生息，以迅速醫治戰爭創傷時，太祖問劉基，其對曰：「生息之道，在於寬仁。」太祖則加以補充說明，其曰：

> 不施實惠而概言寬仁，亦無益耳。以朕觀之，寬民必當阜民之財，
> 息民之力。不節用則民財竭，不省役則民力困，不明教化則民不知
> 禮義，不禁貪暴則民無以遂其生。如是而曰寬仁，是徒有其名，而
> 民不被其澤也。故養民者必務其本，種樹者必培其根。〔註41〕

平日爲事或爲政之道均講從「實」論起，爲學之道又如何？洪武二年，命國子博士孔克仁教授皇子及功臣子弟，規定教授之道，應以「正心爲本，心正則萬事皆理矣」，並「輔以實學，毋徒效文士記誦詞章而已。」（《實錄·卷四十一》）爲學亦重「實學」。洪武四年，有吳興人王升以書牘教子，訓誡爲官之：必須廉潔自持、撫民以仁、報國以忠以勤、處己以謙以敬、修進以學業爲務；有暇日，宜玩味經史；至於先儒性理之書，亦當潛心其間；並熟讀律令、仕與學蓋不可偏失。太祖大爲稱賞，曰：

> 昔元初有天下，人務實學，故賢才重進取。其後失天下，由俗尚虛
> 名，干權勢以希用。朕備嘗艱難，灼見世情。習俗未移，貪沓者有
> 如螻蟻蠅蚋，不知悔改。〔註42〕

二、反對神怪與迷信

與崇實個性相關連者，即鄙棄一切浮妄怪誕與不實之事。吳元年正月，有一名工匠編造神話說：「吳王即位三年，當平一天下」，並斷言此神話係出

成《書傳會通》一書。蓋上於吾儒及釋道二氏精究秘奧，雖專門名家有不及。……至三教一論，和合同異，具在御制集中。」亦可爲佐證。

〔註41〕《實錄·卷二十九》

〔註42〕《實錄·卷六十三》

自某老翁太白神之口，朝臣以之上奏。朱元璋曰：「此誕妄不可信也。若太白神果見，當告君子，豈與小人語耶？今後凡事涉怪誕者勿以聞。」〔註 43〕同樣情形出現於《實錄‧卷三十三》，其云：〔註 44〕

> 自古聖哲之君，知天下之難保也，故遠聲色，去奢靡，以圖天下之安，是以天命眷顧，久而不厭。後世中才之主，當天下無事，侈心縱欲，鮮克有終。至於秦始皇、梁武帝好尚神仙，以求長生，疲精勞神，卒無所得。使移此心以圖治天下，安有不理。以朕觀之，人君能清心寡欲，勤於政事，不作無益以害有益，使民安田里，足衣食，熙熙皥皥而不自知，此即神仙也。功業垂於簡冊，聲名流於後世，此即長生不死也。夫恍惚之事難憑，幽怪之說易惑，在謹其所好尚耳。朕嘗夙夜兢業，以圖天下之安，其敢游心於此。

《實錄‧卷五十九》亦有相同記載，洪武三年十二月己巳：

> 上頗公侯中有好神仙者，悉召至諭之曰：神仙之術，以長生為說，而又謬為不死之藥以欺人，故前代帝王及大臣多好之，然卒無驗，且有服藥以喪其身者。蓋由富貴之極，惟恐一旦身沒，不能久享其樂，是以一心好之。假使其術信然，可以長生，何故四海之內、千百年間，曾無一人得其術而久往於世者？若謂神仙混物，非凡人所能識，此乃欺世之言，切不可信。人能懲忿窒欲，養以中和，自可延年。有善足稱，名垂不朽，雖死猶生，何必枯坐服藥，以求不死？況萬無此理，當痛絕之。

同時反對朝野進獻祥瑞之舉措。吳元年四月，應天府句容縣有耆民獻瑞麥。元璋曰：「自渡江以來，十有三載，境內多以瑞麥來獻。……起居注詹同進曰：『昔在成周，嘉禾同穎。漢張堪守漁陽，麥秀兩歧。今主上撥亂世而反之正，功德大矣；雖戎馬之際，亦修農務，故斯民得脫喪亂，盡力田畝，天降瑞麥，非偶然也。』上曰：『天不可必，人事則當盡。為國家者豈可恃此而自怠乎？』」〔註 45〕又有淮安、寧國、鎮江、揚州、台州府並澤州，各獻瑞麥凡十二本，

〔註 43〕《實錄‧卷二十二》。

〔註 44〕《國初禮賢錄》載此事，言詞頗有出入，曰：「古之帝王當宴安之餘，多好神仙，以朕言之，使國治民安，心恬康，即神仙也。」（宋）濂對曰：「漢武好神仙而方士至，梁武好佛而異僧集，皆由人主篤好，故能致之。移此心以求賢輔，天下其有不治乎？」則當時抨擊神仙者為宋濂，非太祖也。

〔註 45〕《實錄‧卷二十三》

群臣皆賀。太祖曰：

> 朕爲民生，惟思修德致和，以契天地之心，使三光平、寒暑時，五穀
> 熟，人民育，爲國家之瑞。蓋國家之瑞不以物爲瑞也。蓋堯舜之世，
> 不見祥瑞，曾何損於聖德？漢武帝獲一角獸，產九莖芝，當時皆以爲
> 瑞。乃不能謙抑自損，撫輯民庶，以安區宇；好功生事，卒使國內空
> 虛，民力困竭，後雖追悔，已無及矣。其後神爵、甘露之侈，致山崩
> 地震，而漢德如是乎衰。由此觀之，嘉祥無徵，災異有驗，可不戒哉。

然對於祭祀神靈這樣一種極具玄虛色彩而鮮實跡的活動時，也總是從社會實
效上去理解其意義和作用，不以虛文、虛禮對待之。吳元年十一月，談到祭
天之禮時曰：「古人於郊掃地而祭，器用匏陶，以示儉樸。」又曰：「效祀之
禮，非尚虛文，正爲天下生靈祈福，予安敢不盡其誠。」〔註46〕洪武六年，
謂太常侍臣曰：

> 夫祀神之在誠敬。孔子曰『祭如在，祭神如神在。』苟有一毫誠敬
> 未至，神必不格，而牲禮庶品，皆爲虛文，又焉用祭。〔註47〕

從以上資料，吾人可用「崇實賤虛」四字概括太祖之個性。不論平日爲事、
修身、教育，乃至祭祀、祥瑞，太祖始終如一強調「務實」、「實學」、「非尚
虛文」等等，其務實之性格均顯露無疑；同時因「崇實賤虛」之性格，更強
調了其反對神仙鬼怪與妄誕不經之迷信。

小 結

明太祖雖自幼失學，但靠自學與親近儒士，日後亦成爲文義貫通之士。
然有明一朝，儒釋道三教思想混雜，太祖亦不例外地充滿三教合一之思想，
而以儒家思想爲主，卻替《道德經》作注，這其中不外政治與宗教兩個因素：
即政治上用作爲治國思想，及宗教上對道教人士予以形式上之支持。最後，
太祖早年艱困之生活與後來從軍之生涯，吾人很難想像此種軍戎生活會出現
什麼談玄論虛之言語與不切實際之作爲，宜乎太祖之性不尚虛幻而務實際，
並於一切神怪迷信、妄誕不實之行爲均不屑一顧，此均不能不對其注釋《老
子》產生一定之影響與關連。此即朱元璋注《道德經》之主要理由與其特性。

〔註46〕《實錄・卷二十七》
〔註47〕《實錄・卷七十九》

第三章　明太祖《御製道德眞經》之背景、體例與參考之作

　　本章乃從明太祖御製《道德眞經》中一些外緣因素論起。首先，就太祖注《道德經》之背景爲何？太祖御製《道德眞經》之最大目的，乃政治因素，即爲其統治找尋理論基礎，其次則是宗教因素；再者，試就《御注》之體例、分章、參考之作等作一陳述，以明其大要；最後，試從《御注·序》與《明太祖實錄》中，找尋太祖性格之材料，明其梗概，進而了解其注《老》之態度與立場。

第一節　注《老》背景

　　太祖既以儒爲主，釋道爲輔，又何單以被奉爲道教經典之《道德經》作注，頗啓人疑竇。事實上，太祖之所以尊崇佛道二教，並不是出於信仰，而是出於鞏固大明統治需要，即出於政治上之利用。〔註1〕太祖之注《道德經》，亦與政治、宗教脫離不了關係。故分爲政治上之考量與宗教（道教正一派）方面之影響，試分述如下。

一、政治考量

　　關於政治上之考量，吾人於其御製《道德眞經·序》中，可以看出其中端倪。茲抄錄如下：〔註2〕

〔註1〕卿希泰：《中國道教史》，台北：中華道統，1997年，卷三，頁414。
〔註2〕明太祖御注《道德眞經》序。收於《正統道藏》「洞仙部」，男字類，臺北：

朕本寒微，遭胡運之天，更値群雄之並起，不得自安於鄉里，遂從軍而保命，幾喪其身，而免於是乎！受制不數年，脱他人之所制，獲帥諸雄，固守江左，十有三年，而即帝位，奉天以代元，統育黔黎。

自即位以來，罔知前代哲王之道，宵晝遑遑，慮穹蒼之切。鑒於是，問道諸人，人皆我見，未達先賢。一日，試覽群書，檢間有《道德經》一冊，因便但觀，見數章中盡皆明理，其文淺而意奧，莫知可通。罷觀之後旬日，又獲他卷，注論不同，再尋較之，所注者人各異見，因有如是。朕悉視之，用神盤桓其書久之，以一己之見，似乎頗識，意欲試注，以遺方來。恐今後人笑，於是弗果。又久之，見本經云：「民不畏死，奈何以死懼之？」當是時，天下初定，民頑吏弊，雖朝有十人而棄市，暮有百人而仍爲之，如此者豈不應經之所云？朕乃罷極刑而因役之，不逾年而朕心減恐。

復以斯經，細睹其之行用，若濃雲靄群山之迭嶂，外虛而內實，貌態彷彿，其境又不然。架空谷以秀奇峰，使昔有崟巒，倏態成於幽壑。若不知其意，如入混沌鴻濛之中。方乃少知微旨，則又若皓月之沉澄淵，鏡中之睹實象，雖形體之如，然探視不可得而捫撫。況本經云：「吾言甚易知，甚易行，天下莫能知，莫能行。」以此思之，豈不明鏡水月者乎？朕在中宵而深慮，明鏡水月，形體雖如一，卻乃虛而不實，非著象於他處，安有影耶？故仰天則水月象明，棄鏡捫身，則知已象之不虛。是謂物外求眞，故能探其一二之旨微。遂於洪武七年冬十二月甲午，著筆強爲之辯論，未知後世果契高人之志歟？

朕雖菲材，惟知斯經乃萬物之至根，王者之上師，臣民之極寶，非金丹之微也。故悉朕之丹衷，盡其智慮，意利後人，是特注耳。是月甲辰書成，因爲之序。

在這篇序文中，吾人可以歸納出以下幾點結論：

（一）成書時間

序文云：「遂於洪武七年冬十二月甲午，著筆強爲之辯論，未知後世果契高人之志歟？……是月甲辰書成，因爲之序。」於洪武七年冬十二月甲午這

新文豐，民國 77 年。此後凡提及明太祖《御注》，全依此版本，不再贅述。

一天，開始動筆著作，「強爲之辯論」；完成時間也是十二月，在甲辰這一天，前後僅用十天時間即寫作完成，由此亦可見太祖之實際性格，眞不脫帝王之本色也。

（二）實際政治之背景與緣由

　　關於作《道德眞經注》之背景，太祖於序文中提及：「自即位以來，罔知前代哲王之道，宵晝遑遑，慮穹蒼之切。鑒於是，問道諸人，人皆我見，未達先賢。」洪武建國之初，全國並未統一，元朝殘餘一時間無法消滅，佔領雲南與東北；承元末社會凋敝現象，社會問題嚴重，加以開國之初，一切草創，政治施爲尙未步上軌道，此均不能不爲太祖所憂慮。正所謂「宵晝遑遑，慮穹蒼之切」，其不遑寧居之心情是可以想見的。然「問道諸人，人皆我見，未達先賢」想來依靠他人，亦無法找出令人滿意之治國理論。

　　於是，在一偶然機會中，太祖無意間翻閱老子《道德經》，「見數章中盡皆明理，其文淺而意奧，莫知可通。罷觀之後旬日，又獲他卷，注論不同，再尋較之，所注者人各異見，因有如是。朕悉視之，用神盤桓其書久之，以一己之見，似乎頗識，意欲試注，以遺方來」。因爲「人各異見」，[註3]自己亦用心於其書，經過三番五次盤桓鑽研，頗有一己之見，「意欲試注，以遺方來」，卻「恐今後人笑，於是弗果」而作罷。又過不久，當太祖讀《經》上云：「民不畏死，奈何以死懼之？」時，與當時社會實際情形比較，竟不謀而合，心亦有戚戚焉。「當是時，天下初定，民頑吏弊，雖朝有十人而棄市，暮有百人而仍爲之，如此者豈不應經之所云」。是故「罷極刑而囚役之，不逾年而朕心減恐」；最後經過仔細研讀，「是謂物外求眞，故能探其一二之旨微」，似乎已得其旨，故「著筆強爲之辯論」；其目的如同序中所言：「故悉朕之丹衷，盡其智慮，意利後人，是特注耳。」冀望後人能知悉太祖寫作之本意，更能於後人有所幫助。乃於洪武七年十二月甲午寫作，十日後，於甲辰之日完成。

（三）太祖對《道德經》之理解

　　太祖又如何理解《道德經》？序文云：「復以斯經，細睹其之行用，若濃雲靄群山之迭嶂，外虛而內實，貌態彷彿，其境又不然。架空谷以秀奇峰，使昔有嵬巒，倏態成於幽壑。若不知其意，如入混沌鴻濛之中。方乃少知微

─────────────────

〔註3〕　《實錄・卷九五》：「但諸家之注，各有異見，朕因爲註，以發其義。」

旨，則又若皓月之沉澄淵，鏡中之睹實象，雖形體之如，然探視不可得而捫撫。況本經云：『吾言甚易知，甚易行，天下莫能知，莫能行。』以此思之，豈不明鏡水月者乎？朕在中宵而深慮，明鏡水月，形體雖如一，卻乃虛而不實，非著象於他處，安有影耶？故仰天則水月象明，棄鏡捫身，則知己象之不虛。」誠如太祖所言，《道德經》一書之實行施用，是「外虛而內實」，不易掌握。若「不知其意」，不能知悉其中玄妙義理，則會「如入混沌鴻濛之中」；然亦是只知皮毛，「少知微旨」，不深究下去，雖形體俱在，則會「探視不可得而捫撫。」太祖深知其中虛實之旨，故久經思慮後，認為經中所言，並非如明鏡水月一般虛而不實，太祖乃從現實著眼，「仰天則水月象明，棄鏡捫身，則知己象之不虛」可知太祖理解《道德經》，乃與一般學者注《老》不同，其著重於實際層面大於玄虛層面，「惟知斯經乃萬物之至根，王者之上師，臣民之極寶，非金丹之術也」確定此一論點後，則知經中所言非道教之煉金煉丹之方術，乃「萬物之至根，王者之上師，臣民之極寶」。〔註4〕

二、宗教之考量

太祖自小因家世、環境之緣由，有深厚之佛道迷信色彩；起兵後，為強化一己之勢力，與當時於江南一帶勢力龐大之道教集團——正一道有密切往來；然在兩者之中，太祖稍重道教。其中可能有三項理由：其一，道教人士對太祖的新政權，一開始即表示非常擁護之態度。當時元璋率師攻取江西時，張正常便來求見。周顛、張中等道家人物，更對太祖平定群雄，有策算神功。加以從雄武將多信奉道教，故稍重之。再者，道教雖有派別之分，但正一教張天師（正常）為張陵後嗣，儼然正統之領袖；不似佛教，宗派紛雜，無世代相傳之領導者。更重要為太祖想藉以調和平衡二教。因元代崇佛抑道，〔註5〕道教自元憲宗、世祖以來頗受摧殘，勢力不振，故太祖稍重之，使道教地位不致去佛教太

〔註4〕 有關此一論點，另有其他資料可作為補充。〈三教論〉曰：「古今以老子為虛無，實為謬哉。其老子之道，密三皇五帝之仁，法天正己，動以時而舉合宜，又非昇霞禪定之機，實與仲尼之志齊，言簡而意深。」，收於《全明文·卷十》；《實錄·卷九五》亦云：「上對儒臣舉老子所謂『五色令人目盲，五音令人耳聾』，與『聖人去甚、去奢、去泰』之類，曰：『老子此語，豈徒託之空言，於養生治國之道，亦有助也。』」

〔註5〕 元朝以藏傳佛教（喇嘛教）為國教，歷代帝王均崇佛教。《元史·釋老傳》云：「元興，崇尚釋氏，而帝師之盛，尤不可與古昔同語。」宋濂：《元史》（全十五冊），北京：中華，1976年。

遠，略收制衡作用。〔註6〕

　　職是之故，根據太祖三教並用政策，對道教作了扶持，特別是扶持其中之正一派。元代以來，道教諸派逐漸會歸於正一、全真二大派，正一派為符籙諸派的總合，全真派則被視為丹鼎煉養派的代表。〔註7〕全真道上層在元末即由於蛻化而脫離群眾，正一派這時在民間的影響較大，其所修持符籙齋醮更適合統治者敦純民俗的需要。因此，早在他作吳王時之龍鳳六年（1360 年），即出榜招聘張陵四十二代孫張正常，並命有司訪求之。到即大明皇帝位之洪武元年，張正常入賀，即授予「正一教主嗣漢四十二代天師、護國闡祖通誠崇道弘德大真人」之號，俾領道教事。〔註8〕後去其「天師」號，只稱大真人。〔註9〕張正常於洪武十年逝世後，又命其子張宇初襲教，授「正一嗣教道合無為闡祖光範大真人」。同樣優禮有加。在尊寵張陵後嗣的同時。又大量起用正一派的有道之士，著名的有鄧仲修、傅若霖、張友霖、宋宗真等人。

　　鄧仲修，名某，以字行，號雲林子，臨川人，龍虎山道士。師留敬斌、金志陽；曾提點溫州玄妙觀，又主杭州龍翔宮。洪武四年隨張正常入觀，次年應詔入京，主祀祠之事，留居南京朝天宮。多次禱雨有驗，甚受尊崇，太祖曾賜詩及《御注道德經》。後與宋宗真等同受命修撰道教靈寶科儀行於世。〔註10〕傅若霖（1322～1399 年），名某，以字行，號同虛子。龍虎山道士。善祈禱，能詩，且善鼓琴。屢隨張正常朝京師，洪武六年，以高道被徵，居南

〔註6〕　朱鴻：〈明太祖與僧道——兼論太祖的宗教政策〉，收於《國立臺灣師範大學歷史學報》，第十八期，民七十九年六月，頁 66。然對於太祖佛道二者，究竟孰輕孰重，學者間看法頗有出入。葛兆光認為太祖略重佛，其曰：「也許是朱元璋發跡之前當過和尚的緣故，明朝建立後，他對佛教格外寵愛，廣修廟宇，刻印佛經。……」（見《道教與中國文化》，台北：東華，民國 78 年，頁 291。）但卿希泰與朱鴻則反之，認為太祖應略偏道教。朱鴻之說見本文，卿希泰曰：「值得注意的是，朱元璋原本皇覺寺僧人，為什麼卻要編制道教故事來神化自己呢？這可能與他要以漢族統治代替蒙族統治，而道教在當時漢族地區的社會影響比較廣泛有關。」（見〈明太祖朱元璋與道教〉，收於《江西社會科學》，1999 年，第一期，頁 109。），從前文與本文之對照看來，私意以為，太祖應是重道教略多於佛教，但對於兩者，出於政治目的意義，則為一致。

〔註7〕　任繼愈主編：《中國道教史》，台北：桂冠，1991 年，頁 683。

〔註8〕　〈四十二代天師正嗣護國闡祖通誠崇道弘德大真人張公神道碑〉，收於《宋學士全集・卷五十五》，四部叢刊本。

〔註9〕　《實錄・卷三十四》記述其事曰：「上謂群臣曰：『至尊惟天，豈有師也。以此為號，褻瀆甚矣！』遂命去甚正一教主天師之稱，改天師印為真人印。」

〔註10〕　同註8。〈卷六十三・鄧煉師神谷碑〉、〈卷廿・贈雲林道士鄧君序〉。

京朝天宮。「嘗應制賦詩，講《道德經》，修校道門齋科行於世。」〔註 11〕凡侍祠十五年，於洪武十三年請老還。洪武十五年。詔設道錄司，復召赴闕，以老辭。洪武十八年「有旨於龍虎、三茅、閣皂三山，選道行之士充神樂觀提點，僉推公，應召赴京。上悅，授格神郎五音都提點、正一仙官，領神樂觀事，敕禮部鑄印如六品，命掌之。」〔註 12〕居神樂觀凡十年，於洪武二十六年始還龍虎山。張友霖，字修文，江西貴溪人。龍虎山道士。師周貴德、桂心淵、金志陽。有文學，張嗣德曾辟爲教門講師兼玄壇修撰。洪武四年辟爲教門高士，提點大上清正一萬壽宮。次年，與鄧仲修、黃棠吉同被召，奏對稱旨。〔註 13〕該年秋逝世於京師朝天宮，壽六十七。著有文集《鐵礦子》若干卷，傳弟子張自賓等。

宋宗眞，字浩然，與宋濂有交往。據宋濂《文憲集·卷二十六》〈贈浩然子敘引〉載：「浩然子與余同姓，其名爲宗眞，遂以其稱浩然者爲之字。學道於京城報恩光孝觀，得靈寶，而能知鬼神之情狀。嗣天師（張正常）知其賢，號爲體玄妙道純素法師，提點觀事。會朝天宮虛席，中書以爲言，上（指太祖）召見奉天殿，命太官賜饌，俾之住持，時洪武五年，秋七月也。又明年正月十五，儀曹奉常同傳旨，諭之曰：『凡有事郊社及山川百神，當令宗眞帥其徒十人，前期爇芳香、潔豆籩以俟。臨事之日，仍令宗眞被法服與祭。』浩然子拜命惟謹，蓋以其清潔而於敬恭神明爲宜。浩然子由是簡在上心，屢蒙召對，且賜白玉眞仙象二十餘軀，以鎮山中，龍光赫奕，光動林谷，采眞之士，無不欣豔之。」

明太祖在尊崇正一道的同時，對頗具全眞風範的「仙人」張三丰亦多仰慕，遣使覓之，不得。有司又奏彭通微有奇術，洪武二十七年遣使徵召，以羽化聞。〔註 14〕

從以上之論述中，吾人可見太祖對道教尊崇之情景。是故太祖之注《道德經》，從宗教層面看，亦可解釋爲對道教另一種形式之扶持。東漢末年，道教草創之際，老子即被道教奉爲太上老君，老子所著之《道德經》，亦被奉爲道教之經典，而道教中人注《道德經》，更是不勝枚舉。然太祖以帝王九五之尊，爲《道德經》作注，顯示出他對道教之禮敬，其於伯陽之崇尚，已達到

〔註 11〕〈故神樂觀仙官傅公墓志〉，收於張宇初：《峴泉集·卷三》，四庫全書本。

〔註 12〕見陳垣編纂，陳智超、曾慶瑛校補：《道家金石略》，北京：文物，1988 年。

〔註 13〕同注 8。〈大上清正一萬壽宮住持提點張公碑銘〉。

〔註 14〕卿希泰主編：《中國道教史》（1～4 冊）第三冊，台北：中華道統，1997 年，頁 417～419。

極點，其中蘊藏之深意，自是顯而易意。同樣地，太祖亦嘗注《金剛經》,《明史・藝文志》中有記載登錄，〔註 15〕且太祖對佛教基本上也是支持態度，以注經文表示對佛教之支持，此與道教之情形，是可以相提並論的。

第二節　御製《道德眞經》之分章

　　明太祖之御製《道德眞經》之章節安排，並非如一般分爲八十一章，〔註 16〕其採元代吳澄所注之《道德眞經注》之分章，大體依此；如太祖注本中第五章，實合通行本（此指王弼注本，分章依河上公本，以下皆同）之第五章「天地不仁」與第六章「谷神不死」太祖注本第十六章，合通行本之第十七章「太上，

〔註 15〕　《明史・藝文志》云：「太祖《集注金剛經》一卷，成祖制序。」《有關太祖注《金剛經》之問題，陳高華於其〈朱元璋的佛教政策〉中，（收於《明史研究・第一輯》，安徽合肥：黃山書社，1991 年）有概略性的敘述，略曰：「……迄今並未發現有朱元璋的《集注金剛經》，只有署名朱棣（明成祖）的《集注金剛經》。……可見此本乃朱棣本人所爲，與朱元璋毫無關係。……只能認爲，《明史》的編者誤將成祖朱棣編撰並作序的《集注金剛經》誤認爲是太祖的作品了，實際上，朱元璋只命人作《金剛經注》自己並沒有這方面的作品。然太祖之崇佛，從上文看來，亦是無庸置疑的。

〔註 16〕　關於老子之分章，歷來有各種不同分法。朱得之《老子通義・凡例》中有一段對歷來分章之概述，其曰：「分章莫究，其始至唐玄宗改定章句，是舊有分章而不定者。有五十五韓非、六十四孔穎達、六十八吳草廬、七十二莊君平（即嚴遵，字君平）、八十一劉向諸人或謂河上公之異，又有不分章如王輔嗣、司馬君實者。今以意逆志，……用是聊爲區別，定爲六十四章，適合穎達之數云。」此外還有宋・李約《道德眞經新注》，分七十八章。見《正統道藏》，第二十卷，台北：新文豐，民國 77 年。而早期出土之馬王堆帛書《老子》(高明：《帛書老子校釋》北京：中華，1996 年），與近年出土之郭店楚墓竹簡之簡本《老子》(《郭店楚墓竹簡》，北京：文物），簡本《老子》是不分章的，但帛書《老子》有無分章，爭議也多。至於孰是孰非，仍無定論。關於此一問題，可詳見〔美〕韓祿伯（Robert Henrichs）：〈再論《老子》的分章問題〉，收於陳鼓應主編：《道家文化研究》，V.14，北京・三聯書店，1998 年。此文提及《老子》一書可分爲《道經》、《德經》，問題亦多。出土的帛書和簡本《老子》，均是《德經》前，《道經》後，嚴遵《指歸》亦然。但通行本王弼與河上公注，則反是，此一問題亦莫終一是。然李學勤先生說：「以前有不少著作，對古書的形成採取一種靜止不變的觀點，以爲漢以前的書籍和後世一樣，一經寫定，不再作出修改。不知古代沒有紙張和印刷術，任何書籍，如無官方保證，就只能傳抄甚至口傳，師弟相因，其間自然難免增刪筆削。簡帛又不像紙張那麼易於便攜，很多書只得分篇單行。至於彙集成書，便會有次弟先後和內容多寡的不同。」「古書的形成，每每要有很長的過程……如果以靜止的眼光看古書，不免有很大的誤會。」見《簡帛佚籍與書術史》，台北：時報文化，1994 年，頁 12～13、28～33。見解頗精當，可爲參考。

不知有知」、第十八章「大道廢，有仁義」與第十九章「絕聖棄智」，文句頗有調動；通行本爲「絕聖棄智，民利百倍。絕仁棄義，民復孝慈。絕巧棄利，盜賊無有。此三者以爲文不足，故令有所屬，見素抱朴，少私寡欲。絕學無憂。」太祖注本則爲「……絕仁棄義，民復孝慈。絕聖棄智，民利百倍。絕巧棄利，盜賊無有。此三者以爲文不足，故令有所屬，見素抱朴，少私寡欲。」與此相同乃太祖注本五十四章，合通行本之六十三章「爲無爲，事無事」、六十四章「其安易持」，文句調動頗大。通行本作六十三章「爲無爲，事無事，味無味。大小多少，報怨以德。圖難於其易，爲大於其細。天下難事必作於易，天下大事必作於細。是以聖人終不爲大，故能成其大。夫輕諾必寡信，多易必多難。是以聖人猶難之，故終無難矣。」六十四章「其安易持，其未兆易謀，其脆易泮，其微易散。爲之於未有，治之於未亂。合抱之木，生於毫末。九層之臺，起於累土。千里之行，始於足下。爲者敗之，執者失之。是以聖人無爲故無敗，無執故無失。民之從事，常於幾成而敗之，愼終如始，則無敗事。是以聖人欲不欲，不貴難得之貨；學不學，復眾人之所過，以輔萬物之自然而不敢爲。」太祖注本則合爲五十四章，其曰：「爲無爲，事無事，味無味。圖難於其易，爲大於其細。天下難事必作於易，天下大事必作於細。其安易持，其未兆易謀，其脆易泮，其微易散。爲之於未有，治之於未亂。合抱之木，生於毫末。九層之臺，起於累土。千里之行，始於足下。夫輕諾必寡信，多易必多難。是以聖人猶難之，故終無難。大小多少，報怨以德。是以聖人終不爲大，故能成其大。民之從事，常於幾成而敗之，愼終如始，則無敗事矣。爲者敗之，執者失之。無爲故無敗，無執故無失。是以聖人欲不欲，不貴難得之貨；學不學，復眾人之所過，以輔萬物之自然而不敢爲。」太祖注本二十四章之文句亦有調動，其曰：「知其白，守其黑，……知其雄，守其雌，……」然通行本則「知其雄」句在前，「知其白」句在後。何以如此，不得而知，唯吳澄本如此，是故太祖本仍之。然吳澄於「正言若反」句下有一解釋，似乎可以爲之解答，其云：

老子以反爲道之動，德之玄。故雖正言之，每若反於正。正而若反，亦如明而若昧，進而若退，直而若屈，巧而若拙之類。蓋若昧乃所以爲明，若退乃所以爲進，若屈乃所以爲直，若拙乃所以爲巧，若反乃所以爲正。下文言和怨者正欲救助善人，而反不足以爲之，此『正言若反』。舊本以此爲上章末句。今接上章『聖人云』四句作結，語意已完，不應又綴一句於末，他章並無此格。『絕學無憂』章，『希

言自然』章皆以四字居首爲一章之綱，下乃詳言之，此章亦然。又
反、怨、善三字諧韻，故知此一句當爲起語也。

「正言若反」四字移爲此章之首，始肇自吳澄。前段釋「正言若反」四字義
可謂中肯；然此四字所以必須繫諸此章者，則以吳氏以爲「語意已完，不應
又綴一句於末，他章並無此格」，是以此四字爲此章之首。但柳存仁先生則認
爲：「吳氏其他論證，皆所謂旁證，其主要之點在指出此四字爲本章內容之所
攸關，則論據實至薄弱，或不可從也。」〔註17〕可資參考。

　　然太祖與吳澄本唯一不同之處，即吳注分爲六十八章，太祖爲六十七章，
所不同者乃「人之生也柔弱」章，即爲通行本之七十六章，太祖合此章與通
行本七十八章「天下柔弱莫過於水」爲己注本之六十三章，吳澄注本則分爲
二章，其所不同者即此章也。

　　此外，太祖《御注》分二卷，即卷上、卷下。卷上即通行本之《道經》，
其注採句釋，即一句話完結後便加以注釋；卷下即通行本之《德經》，採「段
釋」，或一整段，或一整章完結後作注釋。柳存仁先生以爲：「明太祖《御註》
本此章全章不分段，並加長註，蓋宗王弼。」此指「上德不德」章，通行本
只此章如此，然太祖本則以下皆然。其中原因除承襲王弼而延伸至以上各章
外，可能有自己之主見於此，所以然哉。

　　現製表如下，以明吳澄、太祖與通行本分章之梗概：

王弼本（分章用河上公）	吳澄本	明太祖本
一章 道可道，非常道。名可名，非常名。無名天地之始，有名萬物之母。常無欲以觀其妙，常有欲以觀其徼。此兩者同出而異名，同謂之玄，玄之又玄，眾妙之門。	一章 道可道，非常道。名可名，非常名。無名天地之始，有名萬物之母。常無欲以觀其妙，常有欲以觀其徼。此兩者同出而異名，同謂之玄，玄之又玄，眾妙之門。	一章 道可道，非常道。名可名，非常名。無名天地之始，有名萬物之母。常無欲以觀其妙，常有欲以觀其徼。此兩者同出而異名，同謂之玄，玄之又玄，眾妙之門。
二章 天下皆美爲美，斯惡已；皆知善之爲善，斯不善矣。故有無相生，難易相成，長短相較，	二章 天下皆美爲美，斯惡已；皆知善之爲善，斯不善矣。故有無相生，難易相	二章 天下皆美爲美，斯惡已；皆知善之爲善，斯不善已。故有無相生，難易相

〔註17〕柳存仁：〈道藏本三聖注道德經會箋〉，收於《和風堂文集》，上海：上海古籍，
　　　　1991年，頁464。

高下相傾，音聲相和，前後相隨。是以聖人處無爲之事，行不言之教。萬物作焉而不辭，生而不有，爲而不恃，功居而弗居。夫惟弗居，是以不去。	成，長短相形，高下相傾，音聲相和，前後相隨。是以聖人處無爲之事，行不言之教。萬物作焉而不辭，生而不有，爲而不恃，功居而不居。夫惟不居，是以不去。	成，長短相形，高下相傾，音聲相和，前後相隨。是以聖人處無爲之事，行不言之教。萬物作焉而不辭，生而不有，爲而不恃，功居而不居。夫惟不居，是以不去。
三章 不尙賢，使民不爭。不貴難得之貨，使民不爲盜。不見可欲，使民心不亂。是以聖人之治，虛其心，實其腹；弱其志，其骨。常使民無知無欲。使夫智者不敢爲也。爲無爲，則無不治。	三章 不尙賢，使民不爭。不貴難得之貨，使民不爲盜。不見可欲，使民心不亂。是以聖人之治，虛其心，實其腹；弱其志，強其骨。常使民無知無欲。使夫知者不敢爲也，爲無爲，則無不治矣。	三章 不尙賢，使民不爭。不貴難得之貨，使民不爲盜。不見可欲，使民心不亂。是以聖人之治，虛其心，實其腹；弱其志，彊其骨。常使民無知無欲。使夫知者不敢爲也，爲無爲，則無不治矣。
四章 道沖而用之或不盈，淵兮似萬物之宗。挫其銳，解其紛，和其光，同其塵。湛兮似若存，吾不知誰之子，象帝之先。	四章 道沖而用之或不盈，淵兮似萬物之宗。挫其銳，解其紛，和其光，同其塵，湛兮似或存。吾不知誰之子，象帝之先。	四章 道沖而用之或不盈，淵兮似萬物之宗。挫其銳，解其紛，和其光，同其塵，湛兮似若存。吾不知誰之子，象帝之先。
五章 天地不仁，以萬物爲芻狗。聖人不仁，以百姓爲芻狗。天地之間，其猶橐籥乎？虛而不屈，動而愈出。多言數窮，不如守中。 第六章 谷神不死，是謂玄牝，玄牝之門，是天地根。綿綿不存，用之不勤。	五章 天地不仁，以萬物爲芻狗。聖人不仁，以百姓爲芻狗。天地之間，甚猶橐籥乎？虛而不屈，動而愈出。多言數窮，不如守中。谷神不死，是謂玄牝，玄牝之門，是天地根。綿綿不存，用之不勤。	五章 天地不仁，以萬物爲芻狗。聖人不仁，以百姓爲芻狗。天地之間，甚猶橐籥乎？虛而不屈，動而愈出。多言數窮，不如守中。谷神不死，是謂玄牝，玄牝之門，是天地根。綿綿不存，用之不勤。
七章 天長地久。天地所以能長且久者，以其不自生，故能長生。是以聖人後其身而身先，外其身而身存，非以其無私耶？故能成其私。	六章 天長地久。天地所以能長且久者，以其不自生，故能長久。是以聖人後其身而身先，外其身而身存，非以其無私耶？故能成其私。	六章 天長地久。天地所以能長且久者，以其不自生，故能長久。是以聖人後其身而身先，外其身而身存，非以其無私耶？故能成其私。

八章	七章	七章
上善若水。水善利萬物而不爭，處眾人之所惡，故幾於道。居善地，心善淵，與善仁，言善信，正善治，事善能，動善時。夫惟不爭，故無尤。	上善若水。水善利萬物而不爭，處眾人之所惡，故幾於道。居善地，心善淵，與善仁，言善信，政善治，事善能，動善時。天惟不爭，故無尤。	上善若水。水善利萬物而不爭，處眾人之所惡，故幾於道。居善地，心善淵，與善仁，言善信，政善治，事善能，動善時。天惟不爭，故無尤。
九章	八章	八章
持而盈之，不如其已。揣而梲之，不可長保。金玉滿堂，莫之能守。富貴而驕，自遺其咎。功遂身退，天之道。	持而盈之，不如其已。揣而銳之，不可長保。金玉滿堂，莫之能守。富貴而驕，自遺其咎。功成名遂身退天之道。	持而盈之，不如其已。揣而銳之，不可長保。金玉滿堂，莫之能守。富貴而驕，自遺其咎。功成名遂身退天之道。
十章	九章	九章
載營魄抱一，能無離乎？專氣致柔，能嬰兒乎？滌除玄覽，能無疵乎？愛國治民，能無為乎？天門開闔，能無雌乎？明白四達，能無為乎？生之畜之，生而不有，為而不恃，長而不宰，是謂玄德。	載營魄抱一，能無離乎？專氣致柔，能嬰兒乎？滌除玄覽，能無疵乎？愛國治民，能無為乎？天門開闔，能無雌乎？明白四達，能無知乎？生之畜之，生而不有，為而不恃，長而不宰，是謂玄德。	載營魄抱一，能無離乎？專氣致柔，能嬰兒乎？滌除玄覽，能無疵乎？愛國治民，能無為乎？天門開闔，能無雌乎？明白四達，能無知乎？生之畜之，生而不有，為而不恃，長而不宰，是謂玄德。
十一章	十章	十章
三十輻共一轂，當其無，有車之用。埏埴以為器，當其無，有器之用。鑿戶牖以為室，當其無，有室之用。故有之以為利，無之以為用。	三十輻共一轂，當其無，有車之用。埏埴以為器，當其無，有器之用。鑿戶牖以為室，當其無，有室之用。故有之以為利，無之以為用。	三十輻共一轂，當其無，有車之用。埏埴以為器，當其無，有器之用。鑿戶牖以為室，當其無，有室之用。故有之以為利，無之以為用。
十二章	十一章	十一章
五色令人目盲，五音令人耳聾，五味令人口爽，馳騁畋獵令人心發狂，難得之貨令人行妨。是以聖人為腹不為目，故去此彼取此。	五色令人目盲，五音令人耳聾，五味令人口爽，馳騁田獵令人心發狂，難得之貨令人行妨。是以聖人為腹不為目，故去彼取此。	五色令人目盲，五音令人耳聾，五味令人口爽，馳騁田獵令人心發狂，難得之貨令人行妨。是以聖人為腹不為目，故去彼取此。
十三章	十二章	十二章
寵辱若驚，貴大患若身。何謂寵辱若驚？寵為下，得之若驚，失之若驚。是謂寵辱若驚。	寵辱若驚，貴大患若身。何謂寵辱？辱為下，得之若驚，失之若驚。何謂貴	寵辱若驚，貴大患若身。何謂寵辱？辱為下，得之若驚，失之若驚。何謂貴

何謂貴大患若身，吾所以有大患者，爲吾有身。及吾無身，吾有何患？故貴以身爲天下，若可寄天下；愛以身爲天下，若可託天下。	大患若身，吾所以有大患者，爲吾有身。及吾無身，吾有何患？故貴以身爲天下，則可以寄天下；愛以身爲天下，乃可以託天下。	大患若身，吾所以有大患者，爲吾有身。及吾無身，吾有何患？故貴以身爲天下，則可以寄天下；愛以身爲天下，乃可以託天下。
十四章 視之不見名曰夷，聽之不聞名曰希，搏之不得名曰微。此三者不可致詰，故混而爲一。其上不皦，其下不昧，繩繩兮不可名，復歸於無物。是謂無狀之狀，無物之象，是謂惚恍。迎之不見其首，隨之不見其後，執古之道，以御今之有。能知古始，是謂道紀。	十三章 視之不見名曰夷，聽之不聞名曰希，搏之不得名曰微。此三者不可致詰，故混而爲一。其上不皦，其下不昧，繩繩兮不可名，復歸於無物。是謂無狀之狀，無象之象，是謂惚恍。迎之不見其首，隨之不見其後，執古之道，以御今之有。能知古始，是謂道紀。	十三章 視之不見名曰夷，聽之不聞名曰希，搏之不得名曰微。此三者不可致詰，故混而爲一。其上不皦，其下不昧，繩繩兮不可名，復歸於無物。是謂無狀之狀，無象之象，是謂惚恍。迎之不見其首，隨之不見其後，執古之道，以御今之有。能知古始，是謂道紀。
十五章 古今善爲士者，微妙玄通，深不可識，夫惟不可識，故強爲之容。豫焉若多涉川；猶焉若畏四鄰；儼兮其若容；渙兮若冰之將釋；敦兮其若樸；曠兮其若谷；渾兮其若濁。孰能濁以靜之徐清，孰能安以久動之徐生。保此道者不欲盈。夫惟不盈，故能敝不新成。	十四章 古今善爲士者，微妙玄通，深不可識，夫惟不可識，故強爲之容。豫兮若多涉川；猶兮若畏四鄰；儼兮其若客；渙兮若冰之將釋；敦兮其若樸；曠兮其若谷；渾兮其若濁。孰能濁以靜之徐清，孰能安以動之徐生。保此道者不欲盈，夫惟不盈，故能敝不新成。	十四章 古今善爲士者，微妙玄通，深不可識，夫惟不可識，故強爲之容。豫兮若多涉川；猶兮若畏四鄰；儼兮其若客；渙兮若冰之將釋；敦兮其若樸；曠兮其若谷；渾兮其若濁。孰能濁以靜之徐清，孰能安以動之徐生。保此道者不欲盈，夫惟不盈，故能敝不新成。
十六章 致虛極，守靜篤。萬物並作，吾以觀其復。夫物芸芸，各復歸其根。歸根曰靜，靜曰復命，復命曰常，知常曰明。不知常，妄作凶。知常容，容乃公，公乃王，王乃天，天乃道，道乃久，沒身不殆。	十五章 致虛極，守靜篤。萬物並作，吾以觀其復。夫物芸芸，各歸其根。歸根曰靜，靜曰復命，復命曰常，知常曰明。不知常，妄作凶。知常容，容迺公，公迺王，王迺天，天迺道，道迺久，沒身不殆。	十五章 致虛極，守靜篤。萬物並作，吾以觀其復。夫物芸芸，各歸其根。歸根曰靜，靜曰復命，復命曰常，知常曰明。不知常，妄作凶。知常容，容乃公，公乃王，王乃天，天乃道，道乃久，沒身不殆。

十七章	十六章	十六章
太上，下知有之，其次親之譽之，其次畏之。其次侮之。信不足焉，有不信焉。悠兮其貴言。功成事遂，百姓皆謂我自然。	太上，不知有之，其次親之譽之，其次畏之侮之。信不足焉，有不信焉。猶兮其貴言。功成事遂，百姓皆謂我自然。	太上，不知有之，其次親之譽之，其次畏之侮之。信不足焉，有不信焉。猶兮其貴言。功成事遂，百姓皆謂我自然。
十八章	十七章	十七章
大道廢，有仁義。慧智出，有大僞。六親不和，有孝子。國家昏亂，有忠臣。	大道廢，有仁義。智慧出，有大僞。六親不和，有孝子。國家昏亂，有忠臣。絕仁棄義，民復孝慈。絕聖棄智，民利百倍。絕巧棄利，盜賊無有。此三者以爲文不足，故令有所屬，見素抱朴，少私寡欲。	大道廢，有仁義。智慧出，有大僞。六親不和，有孝子。國家昏亂，有忠臣。絕仁棄義，民復孝慈。絕聖棄智，民利百倍。絕巧棄利，盜賊無有。此三者以爲文不足，故令有所屬，見素抱樸，少私寡欲。
十九章		
絕聖棄智，民利百倍。絕仁棄義，民復孝慈。絕巧棄利，盜賊無有。此三者以爲文不足，故令有所屬，見素抱樸，少私寡欲。		
二十章	十七章	十七章
絕學無憂。唯之與阿，相去幾何，善之與惡，相去何若。人之所畏，不可不畏。荒兮其未央哉！眾人熙熙，如享太牢，如登春臺。我獨泊兮其未兆，如嬰兒之未孩。儽儽兮若無所歸，眾人皆有餘，而我獨若遺。我愚人之心也哉。沌沌兮，俗人昭昭，我獨昏昏。俗人察察，我獨悶悶。澹乎其若海，飂兮若無所止。眾人皆有以，而我獨頑似鄙。我獨異於人而貴食母。	絕學無憂。唯之與阿，相去幾何，善之與惡，相去何若。人之所畏，不可不畏，荒兮其未央哉！眾人熙熙，如享太牢，如登春臺。我獨泊然其未兆，如嬰兒之未孩。乘乘兮若無所歸，眾人皆有餘，我獨若遺。我愚人之心也哉，沌沌兮，俗人昭昭，我獨昏昏。俗人察察，我獨悶悶。漂乎其若海，飂若無所止。眾人皆有以，我獨頑似鄙。我獨異於人而貴食母。	絕學無憂。唯之與阿，相去幾何，善之與惡，相去何若。人之所畏，不可不畏，荒兮其未央哉！眾人熙熙，如享太牢，如登春臺。我泊然其未兆，如嬰兒之未孩。乘乘兮若無所歸，眾人皆有餘，我獨若遺。我愚人之心也哉，沌沌兮，俗人昭昭，我獨昏昏。俗人察察，我獨悶悶。漂乎其若海，飂兮若無所止。眾人皆有以，我獨頑似鄙。我獨異於人而貴食母。
二十一章	十八章	十八章
孔德之容，惟道之從。道之爲物，惟恍惟惚。惚兮恍兮，其中有象。恍兮惚兮，其中有物。窈兮冥兮，其中有精。其精甚眞，其中有信。自古及今，其名不去，以閱眾甫。吾何以知眾甫之狀哉？以此。	孔德之容，惟道之從。道之爲物，惟恍惟惚。恍兮惚兮，其中有物。惚兮恍兮，其中有象。窈兮冥兮，其中有精。其精甚眞，其中有信。自古及今，其名不去，以閱眾甫。吾何以知眾甫之然哉？以此。	孔德之容，惟道之從。道之爲物，惟恍惟惚。恍兮惚兮，其中有物。惚兮恍兮，其中有象。窈兮冥兮，其中有精。其精甚眞，其中有信。自古及今，其名不去，以閱眾甫。吾何以知眾甫之然哉？以此。

二十二章	十九章	十九章
曲則全，枉則直，窪則盈，敝則新，少則得，多則惑。是以聖人抱一爲天下式。不自見故明，不自是故彰，不自伐故有功，不自矜故長。夫惟不爭，故天下莫能與爭，古之所謂曲則全者，豈虛言哉？誠全而歸之。	曲則全，枉則直，窪則盈，敝則新，少則得，多則惑。是以聖人抱一爲天下式。不自見故明，不自是故彰，不自伐故有功，不自矜故長。夫惟不爭，故天下莫能與爭，古之所謂曲則全者，豈虛言哉？誠全而歸之。	曲則全，枉則直，窪則盈，敝則新，少則得，多則惑。是以聖人抱一爲天下式。不自見故明，不自是故彰，不自伐故有功，不自矜故長。夫惟不爭，故天下莫能與爭，古之所謂曲則全者，豈虛言哉？誠全而歸之。
二十三章	二十章	二十章
希言自然。故飄風不終朝，驟雨不終日，孰爲此者？天地。天地尚不能久，而況於人乎？故從事於道者，道者同於道，德者同於德，失者同於失。同於道者，道亦樂得之。	希言自然。飄風不終朝，驟雨不終日，孰爲此者？天地。天地尚不能久，而況於人乎？故從事於道者，道者同於道，德者同於德，失者同於失。同於道者，道亦得之。同於德者，德亦得之。同於失者，失亦得之。信不足焉，有不信焉。跂者不立，跨者不行，自見者不明，自是者不彰，自伐者無功，自矜者不長。其於道也曰餘食贅行。物惑惡之，故有道者不處也。	希言自然。飄風不終朝，驟雨不終日，孰爲此者？天地。天地尚不能久，而況於人乎？故從事於道者，道者同於道，德者同於德，失者同於失。同於道者，道亦得之。同於德者，德亦得之。同於失者，失亦得之。信不足焉，有不信焉。跂者不立，跨者不行，自見者不明，自是者不彰，自伐者無功，自矜者不長。其於道也曰餘食贅行。物或惡之，故有道者不處也。
同於德者，德亦樂得之。同於失者，失亦樂得之。信不足焉，有不信焉。		
二十四章		
企者不立，跨者不行，自見者不明，自是者不彰，自伐者無功，自矜者不長。其在道也，曰餘食贅行。物或惡之，故有道者不處也。		
二十五章	二十一章	二十一章
有物混成，先天地生。寂兮寥兮，獨立不改，周行而不殆，可以爲天下母，吾不知其名，字之曰道，強爲之名曰大。大曰逝，逝曰遠，遠曰反。故道大、天大、王亦大。域中有四大，而王居其一焉。人法地，地法天，天法道，道法自然。	有物混成，先天地生。寂兮寥兮，獨立不改，周行而不殆，可以爲天下母，吾不知其名，字之曰道，強爲之名曰大。大曰逝，逝曰遠，遠曰反。故道大、天大、王亦大。域中有四大，而王居其一焉。人法地，地法天，天法道，道法自然。	有物混成，先天地生。寂兮寥兮，獨立不改，周行而不殆，可以爲天下母，吾不知其名，字之曰道，彊爲之名曰大。大曰逝，逝曰遠，遠曰反。故道大、天大、王亦大。域中有四大，而王居其一焉。人法地，地法天，天法道，道法自然。
二十六章	二十二章	二十二章
重爲輕根，靜爲躁君。是以君子終日行不離輜重。雖有榮觀，燕處超然。奈何萬乘之主，而以身輕天下？輕則失根，躁則失君。	重爲輕根，靜爲躁君。是以君子終日行，不離輜重。雖有榮觀，燕處超然。奈何萬乘之主，而以身輕天下？輕則失根，躁則失君。	重爲輕根，靜爲躁君。是以君子終日行，不離輜重。雖有榮觀，燕處超然。奈何萬乘之主而以身輕天下？輕則失根，躁則失君。

二十七章	二十三章	二十三章
善行無轍跡，善言無瑕讁，善數不用籌策，善閉無關楗而不可開，善結無繩約而不可解。是以聖人常善救人，故無棄人。常善救物，故無棄物。是謂襲明。故善人者，不善人之師，不善人者，善人之資。不貴其師，不愛其資，雖智大迷，是謂要妙。	善行無轍跡，善言無瑕讁，善計不用籌策，善閉無關鍵而不可開，善結無繩約而不可解。是以聖人常善救人，故無棄人。常善救物，故無棄物。是謂襲明。故善人不善人之師，不善人善人之資。不貴其師，不愛其資，雖知大迷，是謂要妙。	善行無轍跡，善言無瑕讁，善計不用籌策，善閉無關鍵而不可開，善結無繩約而不可解。是以聖人常善救人，故無棄人。常善救物，故無棄物。是謂襲明。故善人不善人之師，不善人善人之資。不貴其師，不愛其資，雖知大迷，是謂要妙。
二十八章	二十四章	二十四章
知其雄，守其雌，爲天下谿；爲天下谿，常德不離，復歸於嬰兒。知其白，守其黑，爲天下式。爲天下式，常德不忒，復歸於無極。知其榮，守其辱，爲天下谷。爲天下谷，常德乃足，復歸於樸。樸散則爲器，聖人用之，則爲官長，故大制不割。	知其白，守其黑，爲天下式。爲天下式常德不忒，復歸於無極。知其雄，守其雌，爲天下谿；爲天下谿，常德不離，復歸於嬰兒。知其榮，守其辱，爲天下谷。常德迺足，復歸於樸。樸散則爲器，聖人用之，則爲官長，故大制不割。	知其白，守其黑，爲天下式。爲天下式常德不忒，復歸於無極。知其雄，守其雌，爲天下谿；爲天下谿，常德不離，復歸於嬰兒。知其榮，守其辱，爲天下谷。常德乃足，復歸於樸。樸散則爲器，聖人用之，則爲官長，故大制不割。
二十九章	二十五章	二十五章
將欲取天下而爲之，吾見其不得已。天下神器，不可爲也。爲者敗之，執者失之。故物或行或隨，或歔或吹，或強或羸，或挫或隳。是以聖人去甚，去奢，去泰。	將欲取天下而爲之，吾見其不得已。天下神器，不可爲也。爲者敗之，執者失之。凡物或行或隨，或呴或吹，或強或羸，或載或隳。是以聖人去甚，去奢，去泰。	將欲取天下而爲之，吾見其不得已。天下神器，不可爲也。爲者敗之，執者失之。凡物或行或隨，或呴或吹，或強或羸，或載或隳。是以聖人去甚，去奢，去泰。
三十章	二十六章	二十六章
以道佐人主者，不以兵強天下，其事好還。師之所處，荊棘生焉。大軍之後，必有凶年。善有果而已，不敢以取強。果而勿矜，果而勿伐，果而勿驕，果而不得已，是謂果而勿強。物壯則老，是謂不道，不道早已。	以道佐人主者，不以兵強天下，其事好還。師之所處，荊棘生焉。大軍之後，必有凶年。善者果而已，不敢以取強。果而勿矜，果而勿伐，果而勿驕，果而不得已，是謂果而勿強。物壯則老，是謂不道，不道早已。夫佳兵者不	以道佐人主者，不以兵強天下，其事好還。師之所處，荊棘生焉。大軍之後，必有凶年。善者果而已，不敢以取彊。果而勿矜，果而勿伐，果而勿驕，果而不得已，是謂果而勿彊。物壯則老，是謂不道，不道早已。夫佳兵
三十一章		

夫佳兵者，不祥之器。物或惡之，故有道者不處也。君子居則貴左，用兵則貴右。兵者不祥之器，非君子之器，不得已用之。恬淡為上，勝而不美。而美之者是樂殺人，夫樂殺人者，不可以得志於天下矣。吉事尚左，凶事尚右。偏將軍處左，上將軍處右，言以喪禮處之。殺人之眾，以悲哀泣之。戰勝，以喪禮主之。	祥，物或惡之，故有道者不處也。君子居則貴左，用兵則貴右。兵者不祥之器，非君子之器，不得已用之。恬淡為尚，勝而不美。美之者是樂殺人，樂殺人者，不可以得志於天下矣。吉事尚左，凶事尚右。偏將軍處左，上將軍處右。殺人眾多，以悲哀泣之。戰勝，以喪禮主之。	者不祥，物或惡之，故有道者不處也。君子居則貴左，用兵則貴右。兵者不祥之器，非君子之器，不得已用之。恬淡為尚，勝而不美。美之者是樂殺人，樂殺人者，不可以得志於天下矣。吉事尚左，凶事尚右。偏將軍處左，上將軍處右。殺人眾多，以悲哀泣之。戰勝，以喪禮主之。
三十二章 道常無名，樸雖小，天下莫能臣也。侯王若能守之，萬物將自賓。天地相合，以降甘露，民莫之令而自均。始制有名。名亦既有，夫亦將知止。知止所以不殆。譬道之在天下，猶川谷之與江海。	二十七章 道常無名，樸雖小，天下不敢臣。侯王若能守，萬物將自賓。天地相合，以降甘露，人莫之令而自均。始制有名。名亦既有，夫亦將知止，知止所以不殆。譬道之在天下，猶川谷之與江海。	二十七章 道常無名，朴雖小，天下不敢臣。侯王若能守，萬物將自賓。天地相合，以降甘露，人莫之令而自均。始制有名。名亦既有，夫亦將知止，知止所以不殆。譬道之在天下，猶川谷之與江海。
三十三章 知人者智，自知者明，勝人者有力，自勝者強。知足者富，強行者有志。不失其所者久，死而不亡者壽。	二十八章 知人者智，自知者明，勝人者有力，自勝者強。知足者富，強行者有志。不失其所者久，死而不亡者壽。	二十八章 知人者智，自知者明，勝人者有力，自勝者彊。知足者富，彊行者有志。不失其所者久，死而不亡者壽。
三十四章 大道氾兮，其可左右。萬物恃之而生而不辭，功成而不居。衣養萬物而不為主，常無欲，可名於小。萬物歸焉而不知主，可名為大。以其終不自為大，故能成其大。	二十九章 大道汎兮，其可左右。萬物恃之以生而不辭，功成而不居。衣被萬物而不為主，常無欲，可名於小矣。萬物歸焉而不知主，可名於大矣。是以聖人能成其大也，以其不自大，故能成其大。	二十九章 大道汎兮，其可左右。萬物恃之以生而不辭，功成而不居。衣被萬物而不為主，常無欲，可名於小矣。萬物歸焉而不知主，可名於大矣。是以聖人能成其大也，以其不自大，故能成其大。
三十五章 執大象，天下往。往而不害，安平太。樂與餌，過客止。道之出口，淡乎其無味。視之不足見，聽之不足聞，用之不足既。	三十章 執大象，天下往。往而不害，安平泰。樂與餌，過客止。道之出口，淡乎其無味。視之不足見，聽之不足聞，用之不可既。	三十章 執大象，天下往。往而不害，安平泰。樂與餌，過客止。道之出口，淡乎其無味。視之不足見，聽之不足聞，用之不可既。

三十六章	三十一章	三十一章
將欲歙之，必固張之。將欲弱之，必固強之。將欲廢之，必固興之。將欲奪之，必固與之。是謂微明。柔弱勝強剛。魚不可脫於淵，國之利器不可以示人。	將欲歙之，必固張之。將欲弱之，必固強之。將欲廢之，必固興之。將欲奪之，必固與之。是謂微明。柔勝剛，弱勝強。魚不可脫於淵，國之利器不可以示人。	將欲歙之，必固張之。將欲弱之，必固彊之。將欲廢之，必固興之。將欲奪之，必固與之。是謂微明。柔勝剛，弱勝彊。魚不可脫於淵，國之利器不可以示人。
三十七章	三十二章	三十二章
道常無爲而無不爲。侯王若能守之，萬物將自化。化而欲作，吾將鎮之以無名之樸。無名之樸，夫亦將不欲。不欲以靜，天下將自正。	道常無爲而無不爲。侯王若能守，萬物將自化。化而欲作，吾將鎮之以無名之樸。無名之樸，亦將不欲。不欲以靜，天下將自正。	道常無爲而無不爲。侯王若能守，萬物將自化。化而欲作，吾將鎮之以無名之樸。無名之樸，亦將不欲。不欲以靜，天下將自正。
三十八章	三十三章	三十三章
上德不德，是以有德。下德不失德，是以無德。上德無爲而無以爲，下德爲之而有以爲。上仁爲之而無以爲，上義爲之而有以爲，上禮爲之而莫之應，則攘臂而扔之。故失道而後德，失德而後仁，失仁而後義，失義而後禮。夫禮者，忠信之薄而亂之首也。前識者，道之華而愚之始也。是以大丈夫處其厚，不居其薄。處其實，不居其華，故去彼取此。	上德不德，是以有德。下德不失德，是以無德。上德無爲而無以爲，下德爲之而有以爲。上仁爲之而無以爲，上義爲之而有以爲，上禮爲之而莫之應，則攘臂而仍之。故失道而後德，失德而後仁，失仁而後義，失義而後禮。夫禮者，忠信之薄而亂之首也。前識者，道之華而愚之始也。是以大丈夫處其厚不處其薄，居其實不居其華，故去彼取此。	上德不德，是以有德。下德不失德，是以無德。上德無爲而無以爲，下德爲之而有以爲。上仁爲之而無以爲，上義爲之而有以爲，上禮爲之而莫之應，則攘臂而仍之。故失道而後德，失德而後仁，失仁而後義，失義而後禮。夫禮者，忠信之薄而亂之首也。前識者，道之華而愚之始也。是以大丈夫處其厚不處其薄，居其實不居其華，故去彼取此。
三十九章	三十四章	三十四章
昔之得一者：天得一以清，地得一以寧，神得一以靈，谷得一以盈，萬物得一以生，侯王得一以爲天下貞，其致之。天無以清將恐裂，地無以寧將恐發，神無以靈將恐歇，谷無以盈將恐竭，萬物無以生將恐滅，侯王無以貴高將恐蹶。故貴以賤爲本，高以下爲基。是以侯王自謂孤寡不穀，此非以賤爲本耶？非乎？故致數輿無輿，不欲琭琭如玉，珞珞如石。	昔之得一者：天得一以清，地得一以寧，神得一以靈，谷得一以盈，萬物得一以生，侯王得一以爲天下貞，其致之一也。天無以清將恐裂，地無以寧將恐發，神無以靈將恐歇，谷無以盈將恐竭，萬物無以生將恐滅，侯王無以爲貞而貴高將恐蹶。故貴以賤爲本，高以下爲基。是以侯王自謂孤寡不	昔之得一者：天得一以清，地得一以寧，神得一以靈，谷得一以盈，萬物得一以生，侯王得一以爲天下貞，其致之一也。天無以清將恐裂，地無以寧將恐發，神無以靈將恐歇，谷無以盈將恐竭，萬物無以生將恐滅，侯王無以爲貞而貴高將恐蹶。故貴以賤爲本，高以下爲基。是以侯王自謂孤寡不

	穀，此其以賤爲本耶非乎？故至譽無譽，不欲琭琭如玉，珞珞如石。	穀，此其以賤爲本耶非乎？故至譽無譽，不欲琭琭如玉，珞珞如石。
四十章 反者道之動，弱者道之用。天下萬物生於有，有生於無。	**三十五章** 反者道之動，弱者道之用。天下萬物生於有，有生於無。上士聞道，勤於而行之；中士聞道，若存若亡；下士聞道，大笑之，不笑不足以爲道。故建言有之：明道若昧，進道若退，夷道若纇，上德若谷，大白若辱，廣德若不足，建德若偷，質直若渝。大方無隅，大器晚成，大音希聲，大象無形。道隱無名，夫惟道善貸且成。道生一，一生二，二生三，三生萬物。萬物負陰而抱陽，沖氣以爲和。人之所惡，惟孤寡不穀，而王公以爲稱。故物或損之而益，或益之而損。人之所教，我亦教之。強梁者不得其死，吾將以爲教父。天下之至柔，馳騁天下之至堅。無有入於無間。吾是以知無爲之有益也。不言之教，無爲之益，天下希及之。	**三十五章** 反者道之動，弱者道之用。天下萬物生於有，有生於無。上士聞道，勤於而行之；中士聞道，若存若亡；下士聞道，大笑之，不笑不足以爲道。故建言有之：明道若昧，進道若退，夷道若纇，上德若谷，大白若辱，廣德若不足，建德若偷，質直若渝。大方無隅，大器晚成，大音希聲，大象無形。道隱無名，夫惟道善貸且成。道生一，一生二，二生三，三生萬物。萬物負陰而抱陽，沖氣以爲和。人之所惡，惟孤寡不穀，而王公以爲稱。故物或損之而益，或益之而損。人之所教，我亦教之。強梁者不得其死，吾將以爲教父。天下之至柔，馳騁天下之至堅。無有入於無間。吾是以知無爲之有益也。不言之教，無爲之益，天下希及之。
四十一章 上士聞道，勤而行之；中士聞道，若存若亡；下士聞道，大笑之，不笑不足以爲道。故建言有之：明道若昧，進道若退，夷道若纇，上德若谷，大白若辱，廣德若不足，建德若偷，質直若渝。大方無隅，大器晚成，大音希聲，大象無形。道隱無名，夫惟道善貸且成。		
四十二章 道生一，一生二，二生三，三生萬物。萬物負陰而抱陽，沖氣以爲和。人之所惡，唯孤寡不穀，而王公以爲稱。故物或損之而益，或益之而損。人之所教，我亦教之。強梁者不得其死，吾將以爲教父。		
四十三章 天下之至柔，馳騁天下之至堅。無有入無間。吾是以知無爲之有益也。不言之教，無爲之益，天下希及之。		
四十四章 名與身孰親？身與貨孰多？得與亡孰病？是故甚愛必大費，多藏必厚亡。知足不辱，知止不殆，可以長久。	**三十六章** 名與身孰親？身與貨孰多？得與亡孰病？是故甚愛必大費，多藏必厚亡。知足不辱，知止不殆，可以長久。	**三十六章** 名與身孰親？身與貨孰多？得與亡孰病？是故甚愛必大費，多藏必厚亡。知足不辱，知止不殆，可以長久。
四十五章 大成若缺，其用不弊。大盈若沖，其用不窮。大直若屈，大巧若拙，大辯若訥。躁勝寒，靜勝熱，清靜爲天下正。	**三十七章** 大成若缺，其用不敝。大盈若沖，其用不窮。大直若屈，大巧若拙，大辯若訥。躁勝寒，靜勝熱，清靜爲天下正。	**三十七章** 大成若缺，其用不敝。大盈若沖，其用不窮。大直若屈，大巧若拙，大辯若訥。躁勝寒，靜勝熱，清靜爲天下正。

四十六章	三十八章	三十八章
天下有道，卻走馬以糞。天下無道，戎馬生於郊。禍莫大於不知足，咎莫大於欲得，故知足之足，常足矣。	天下有道，卻走馬以糞車。天下無道，戎馬生於郊。罪莫大於可欲，咎莫大於欲得，禍莫大於不知足。故知足之足常足。	天下有道，卻走馬以糞車。天下無道，戎馬生於郊。罪莫大於可欲，咎莫大於欲得，禍莫大於不知足。故知足之足常足。
四十七章	三十九章	三十九章
不出戶，知天下；不闚牖，見天道。其出彌遠，其知彌少。是以聖人不行而知，不見而名，不爲而成。	不出戶，知天下；不窺牖，見天道。其出彌遠，其知彌少。是以聖人不行而至，不見而名，不爲而成。	不出戶，知天下；不窺牖，見天道。其出彌遠，其知彌少。是以聖人不行而至，不見而名，不爲而成。
四十八章	四十章	四十章
爲學日益，爲道日損。損之又損，以至於無爲；無爲而無不爲矣。取天下常以無事。及其有事，不足以取天下。	爲學日益，爲道日損。損之又損，以至於無爲；無爲而無不爲矣。取天下者，常以無事。及其有事，不足以取天下。	爲學日益，爲道日損。損之又損，以至於無爲；無爲而無不爲矣。取天下者，常以無事。及其有事，不足以取天下。
四十九章	四十一章	四十一章
聖人無常心，以百姓心爲心。善者吾善之，不善者吾亦善之，德善。信者吾信之，不信者吾亦信之，德信。聖人在天下，歙歙爲天下渾其心，百姓皆注其耳目，聖人皆孩之。	聖人無常心，以百姓之心爲心。善者吾善之，不善者吾亦善之，得善矣。信者吾信之，不信者吾亦信之，得信矣。聖人之在天下，歙歙焉爲天下渾其心，百姓皆注其耳目，聖人皆孩之。	聖人無常心，以百姓之心爲心。善者吾善之，不善者吾亦善之，得善矣。信者吾信之，不信者吾亦信之，得信矣。聖人之在天下，歙歙焉爲天下渾其心，百姓皆注其耳目，聖人皆孩之。
五十章	四十二章	四十二章
出生入死。生之徒十有三，死之徒十有三，人之生動之死地，亦十有三。夫何故？以其生生之厚。蓋聞善攝生者，陸行不遇兕虎，入軍不被甲兵。兕無所投其角，虎無所措其爪，兵無所容其刃。夫何故，以其無死地。	出生入死。生之徒十有三，死之徒十有三，人之生動之死地，亦十有三。夫何故？以其生生之厚。蓋聞善攝生者，陸行不避兕虎，入軍不避甲兵。兕無所投其角，虎無所措其爪，兵無所容其刃。夫何故，以其無死地。	出生入死。生之徒十有三，死之徒十有三，人之生動之死地，亦十有三。夫何故？以其生生之厚。蓋聞善攝生者，陸行不避兕虎，入軍不避甲兵。兕無所投其角，虎無所措其爪，兵無所容其刃。夫何故，以其無死地。

五十一章	四十三章	四十三章
道生之，德畜之，物形之，勢成之。是以萬物莫不尊道而貴德。道之尊，德之貴，夫莫之命而常自然。故道生之，德畜之，長之，育之，亭之，毒之，養之，覆之。生而不有，爲而不恃，長而不宰，是謂玄德。	道生之，德畜之，物形之，勢成之。是以萬物莫不尊道而貴德。道之尊，德之貴，莫之命而常自然。故道生之，畜之，長之，成之，熟之，養之，覆之。生而不有，爲而不恃，長而不宰，是謂玄德。	道生之，德畜之，物形之，勢成之。是以萬物莫不尊道而貴德。道之尊，德之貴，莫之命而常自然。故道生之，畜之，長之，成之，熟之，養之，覆之。生而不有，爲而不恃，長而不宰，是謂玄德。
五十二章	四十四章	四十四章
天下有始，以爲天下母。既得其母，以知其子；既知其子，復守其母；沒身不殆。塞其兌，閉其門，終身不勤。開其兌，濟其事，終身不救。見小曰明，守柔曰強；用其光，復歸其明，無遺身殃，是謂習常。	天下有始，以爲天下母。既得其母，以知其子；既知其子，復守其母；沒身不殆。塞其兌，閉其門，終身不勤。開其兌，濟其事，終身不救。見小曰明，守柔曰強；用其光，復歸其明，無遺身殃，是謂襲常。	天下有始，以爲天下母。既得其母，以知其子；既知其子，復守其母；沒身不殆。塞其兌，閉其門，終身不勤。開其兌，濟其事，終身不救。見小曰明，守柔曰彊；用其光，復歸其明，無遺身殃，是謂襲常。
五十三章	四十五章	四十五章
使我介然有知，行於大道，唯施是畏。大道甚夷，而民好徑。朝甚除，田甚蕪，倉甚虛，服文綵，帶利劍，厭飲食，財貨有餘，是謂盜夸，非道也哉！	使我介然有知，行於大道，唯施是畏。大道甚夷，而民好徑。朝甚除，田甚蕪，倉甚虛，服文采，帶利劍，厭飲食，資財有餘，是謂盜夸，非道哉！	使我介然有知，行於大道，唯施是畏。大道甚夷，而民好徑。朝甚除，田甚蕪，倉甚虛，服文采，帶利劍，厭飲食，資財有餘，是謂盜夸，非道哉！
五十四章	四十六章	四十六章
善建者不拔，善抱者不脫，子孫祭祀不輟。修之於身，其德乃眞；修之於家，其德乃餘；修之於鄉，其德乃長；修之於國，其德乃豐；修之於天下，其德乃普。故以身觀身，以家觀家，以鄉觀鄉，以國觀國，以天下觀天下。吾何以知天下之然哉？以此。	善建者不拔，善抱者不脫，子孫祭祀不輟。修之於身，其德迺眞；修之於家，其德迺餘；修之於鄉，其德迺長；修之於邦，其德乃豐；修之於天下，其德迺普。故以身觀身，以家觀家，以鄉觀鄉，以邦觀邦，以天下觀天下。吾何以知天下之然哉？以此。	善建者不拔，善抱者不脫，子孫祭祀不輟。修之於身，其德迺眞；修之於家，其德迺餘；修之於鄉，其德迺長；修之於邦，其德乃豐；修之於天下，其德迺普。故以身觀身，以家觀家，以鄉觀鄉，以邦觀邦，以天下觀天下。吾何以知天下之然哉？以此。

五十五章	四十七章	四十七章
含德之厚，比於赤子：蜂蠆虺蛇不螫，猛獸不據，攫鳥不搏，骨弱筋柔而握固，未知牝牡之合而全作，精之至也。終日號而嗌不嗄，和之至也。知和曰常，知常曰明，益生曰祥，心使氣曰強。物壯則老，是謂不道，不道早已。	含德之厚，比於赤子：毒蟲不螫，猛獸不據，攫鳥不搏，骨弱筋柔而握固，未知牝牡之合而峻作，精之至也。終日號而嗌不嗄，和之至也。知和曰常，知常曰明，益生曰祥，心使氣曰強。物壯則老，是謂不道，不道早已。	含德之厚，比於赤子：毒蟲不螫，猛獸不據，攫鳥不搏，骨弱筋柔而握固，未知牝牡之合而峻作，精之至也。終日號而嗌不嗄，和之至也。知和曰常，知常曰明，益生曰祥，心使氣曰彊。物壯則老，是謂不道，不道早已。
五十六章	四十八章	四十八章
知者不言，言者不知。塞其兌，閉其門，挫其銳，解其分，和其光，同其塵，是謂玄同。故不可得而親，不可得而疏，不可得而利，不可得而害，不可得而貴，不可得而賤，故爲天下貴。	知者不言，言者不知。塞其兌，閉其門，挫其銳，解其分，和其光，同其塵，是謂玄同。故不可得而親，不可得而疏，不可得而利，不可得而害，不可得而貴，不可得而賤，故爲天下貴。	知者不言，言者不知。塞其兌，閉其門，挫其銳，解其分，和其光，同其塵，是謂玄同。故不可得而親，不可得而疏，不可得而利，不可得而害，不可得而貴，不可得而賤，故爲天下貴。
五十七章	四十九章	四十九章
以正治國，以奇用兵，以無事取天下。吾何以知其然哉？以此。天下多忌諱，而民彌貧；民多利器，國家滋昏；人多伎巧，奇物滋起；法令滋彰，盜賊多有。是以聖人云：我無爲而民自化，好靜而民自正；我無爲而民自富；我無欲而民自樸。	以正治國，以奇用兵，以無事取天下。吾何以知其然哉？天下多忌諱，而民彌貧，國家滋昏；人多技巧，奇物滋起；法令滋章，盜賊多有。是以聖人云：我無爲而民自化，好靜而民自正；我無爲而民自富；我無欲而民自樸。其政悶悶，其民淳淳。其政察察，其民缺缺。禍兮福所倚，福兮禍所伏，孰知	以正治國，以奇用兵，以無事取天下。吾何以知其然哉？天下多忌諱，而民彌貧，國家滋昏；人多技巧，奇物滋起；法令滋章，盜賊多有。是以聖人云：我無爲而民自化，好靜而民自正；我無爲而民自富；我無欲而民自樸。其政悶悶，其民淳淳。其政察察，其民缺缺。禍兮福所倚，福兮禍所伏，孰知
五十八章	其極。其無正邪？正復爲奇，善復爲訞。民之迷，其日固已久矣。是以聖人方而不割，廉而不劌，光而不耀。	其極。其無正邪？正復爲奇，善復爲訞。民之迷，其日固已久矣。是以聖人方而不割，廉而不劌，光而不耀。
其政悶悶，其民淳淳。其政察察，其民缺缺。禍兮福之所倚，福兮禍之所伏，孰知其極，其無正？正復爲奇，善復爲妖。人之迷，其日固久。是以聖人方而不割，廉而不劌，直而不肆，光而不耀。		

五十九章	五十章	五十章
治人事天莫若嗇。天唯嗇，是以早服，早服謂之重積德，重積德則無不克，無不克則莫知其極，莫知其極，可以有國，有國之母可以長久，是深根固柢，長生久視之道。	治人事天莫若嗇。天惟嗇是以早復，早復謂之重積德，重積德則無不克，無不克則莫知其極，莫知其極可以有國，有國之母可以長久，是深根固蔕，長生久視之道。	治人事天莫若嗇。天惟嗇是以早復，早復謂之重積德，重積德則無不克，無不克則莫知其極，莫知其極可以有國，有國之母可以長久，是深根固蔕，長生久視之道。
六十章	五十一章	五十一章
治大國若烹小鮮。以道蒞天下者，其鬼不神。非其鬼不神，其神不傷人。非其神不傷人，聖人亦不傷之。夫兩不相傷，故德交歸焉。	治大國若烹小鮮。以道蒞天下者，其鬼不神。非其鬼不神，其神不傷人。非其神不傷人，聖人亦不傷之。夫兩不相傷，故德交歸焉。	治大國若烹小鮮。以道蒞天下者，其鬼不神。非其鬼不神，其神不傷人。非其神不傷人，聖人亦不傷之。夫兩不相傷，故德交歸焉。
六十一章	五十二章	五十二章
大國者下流。天下之交，天下之牝，牝常以靜勝牡，以靜為下。故大國以下小國，則取小國。小國以下大國，則取大國。故或下以取，或下而取。大國不過欲兼畜人，小國不過欲入事人；兩者各得其所欲，大者宜為下。	大國者下流，天下之交。天下之交牝，牝常以靜勝牡，以靜為下。故大國以下小國，則取小國。小國以下大國，則取大國。或下以取，或下而取。大國不過欲兼畜人，小國不過欲入事人；兩者各得其所欲，大者宜為下。	大國者下流，天下之交。天下之交牝，牝常以靜勝牡，以靜為下。故大國以下小國，則取小國。小國以下大國，則取大國。或下以取，或下而取。大國不過欲兼畜人，小國不過欲入事人；兩者各得其所欲，大者宜為下。
六十二章	五十三章	五十三章
道者萬物之奧，善人之寶，不善人之所保。美言可以市，尊行可以加人。人之不善，何棄之有。故立天子，置三公，雖有拱璧以先駟馬，不如坐進此道。古之所以貴此之道者何也？不曰求以得，有罪以免邪？故為天下貴。	道者萬物之奧，善人之寶，不善人之所保。美言可以市，尊行可以加人。人之不善，何棄之有。故立天子，置三公，雖有拱璧以先駟馬，不如坐進此道。古之所以貴此之道者何也？不曰求以得，有罪以免邪？故為天下貴。	道者萬物之奧，善人之寶，不善人之所保。美言可以市，尊行可以加人。人之不善，何棄之有。故立天子，置三公，雖有拱璧以先駟馬，不如坐進此道。古之所以貴此之道者何也？不曰求以得，有罪以免邪？故為天下貴。
六十三章	五十四章	五十四章
為無為，事無事，味無味。大小多少，報怨以德。圖難於其易，為大於其細。天下難事必	為無為，事無事，味無味。圖難於其易，為大於其細。天下難事必作於易，	為無為，事無事，味無味。圖難於其易，為大於其細。天下難事必作於

作於易，天下大事必作於細。是以聖人終不為大，故能成其大。夫輕諾必寡信，多易必多難。是以聖人猶難之，故終無難矣。	天下大事必作於細。其安易持，其未兆易謀，其脆易泮，其微易散。為之於未有，治之於未亂。合抱之木，生於毫末。九層之臺，起於累土。千里之行，始於足下。夫輕諾必寡信，多易必多難。是以聖人猶難之，故終無難。大小多少，報怨以德。是以聖人終不為大，故能成其大。民之從事，常於幾成而敗之，慎終如始，則無敗事矣。為者敗之，執者	易，天下大事必作於細。其安易持，其未兆易謀，其脆易泮，其微易散。為之於未有，治之於未亂。合抱之木，生於毫末。九層之臺，起於累土。千里之行，始於足下。夫輕諾必寡信，多易必多難。是以聖人猶難之，故終無難。大小多少，報怨以德。是以聖人終不為大，故能成其大。民之從事，常於幾成而敗之，慎終如始，則無敗事矣。為者敗之，執者
六十四章 其安易持，其未兆易謀，其脆易泮，其微易散。為之於未有，治之於未亂。合抱之木，生於毫末。九層之臺，起於累土。千里之行，始於足下。為者敗之，執者失之。是以聖人		
無為故無敗，無執故無失。民之從事，常於幾成而敗之，慎終如始，則無敗事。是以聖人欲不欲，不貴難得之貨；學不學，復眾人之所過，以輔萬物之自然而不敢為。	失之。無為故無敗，無執故無失。是以聖人欲不欲，不貴難得之貨；學不學，復眾人之所過，以輔萬物之自然而不敢為。	失之。無為故無敗，無執故無失。是以聖人欲不欲，不貴難得之貨；學不學，復眾人之所過，以輔萬物之自然而不敢為。
六十五章 古之善為道者，非以明民，將以愚之。民之難治，以其智多。故以智治國，國之賊，不以智治國，國之福。知此兩者，亦稽式。能知稽式，是謂玄德。玄德深矣，遠矣，與物反矣，然後乃至於大順。	**五十五章** 古之善為道者，非以明民，將以愚之。民之難治，以其智多。故以智治國，國之賊，不以智治國，國之福。知此兩者亦楷式，能知楷式，是謂玄德。玄德深矣，遠矣，與物反矣，迺至於大順。	**五十五章** 古之善為道者，非以明民，將以愚之。民之難治，以其智多。故以智治國，國之賊，不以智治國，國之福。知此兩者亦楷式，能知楷式，是謂玄德。玄德深矣，遠矣，與物反矣，迺至於大順。
六十六章 江海所以能為百谷王者，以其善下之，故能為百谷王。是以欲上民，以其言下之。欲先民，以其身後之。是以聖上處上而民不重，處前而民不害，是以天下樂推而不厭。以其不爭，故天下莫能與之爭。	**五十六章** 江海所以能為百谷王者，以其善下之也，故能為百谷王。是以聖人欲上人，以其言下之。欲先人，以其身後之。是以處上而人不重，處前而人不害，是以天下樂推而不厭。以其不爭，故天下莫能與之爭。	**五十六章** 江海所以能為百谷王者，以其善下之也，故能為百谷王。是以聖人欲上人，以其言下之。欲先人，以其身後之。是以處上而人不重，處前而人不害，是以天下樂推而不厭。以其不爭，故天下莫能與之爭。

六十七章	五十七章	五十七章
天下皆謂我道大，似不肖。夫惟大，故似不肖；若肖久矣其細也夫！我有三寶，持而保之。一曰慈，	天下皆謂我道大，似不肖。夫惟大，故似不肖；若肖久矣其細！我有三寶，寶而持之。一曰慈，	天下皆謂我道大，似不肖。夫惟大，故似不肖；若肖久矣其細！我有三寶，寶而持之。一曰慈，
二曰儉，三曰不敢爲天下先。慈故能勇，儉故能廣，不敢爲天下先，故能成器長。今舍慈且勇，舍儉且廣，舍後且先，死矣。夫慈，以戰則勝，以守則固。天將救之，以慈衛之。 六十八章 善爲士者不武，善戰者不怒，善勝敵者不與，善用人者爲之下。是謂不爭之德，是謂用人之力，是謂配天古之極。 六十九章 用兵有言，吾不敢爲主而爲客，不敢進寸而退尺。是謂行無行，攘無臂，扔無敵，執無兵。禍莫大於輕敵，輕敵幾喪吾寶。故抗兵相加，哀者勝矣。	二曰儉，三曰不敢爲天下先。夫慈故能勇，儉故能廣，不敢爲天下先，故能成器長。今舍慈且勇，舍儉且廣，舍後且先，死矣。夫慈，以戰則勝，以守則固。天將救之，以慈衛之。善爲士者不武，善戰者不怒，善勝敵者不與，善用人者爲之下。是謂不爭之德，是謂用人之力，是謂配天，古之極。用兵有言，吾不敢爲主而爲客，不敢進寸而退尺。是謂行無行，攘無臂，執無兵，仍無敵。禍莫大於輕敵，輕敵幾喪吾寶。故抗兵相加，哀者勝矣。	二曰儉，三曰不敢爲天下先。夫慈故能勇，儉故能廣，不敢爲天下先，故能成器長。今舍慈且勇，舍儉且廣，舍後且先，死矣。夫慈，以戰則勝，以守則固。天將救之，以慈衛之。善爲士者不武，善戰者不怒，善勝敵者不與，善用人者爲之下。是謂不爭之德，是謂用人之力，是謂配天，古之極。用兵有言，吾不敢爲主而爲客，不敢進寸而退尺。是謂行無行，攘無臂，執無兵，仍無敵。禍莫大於輕敵，輕敵幾喪吾寶。故沆兵相加，哀者勝矣。
七十章 吾言甚易知，甚易行。天下莫能知，莫能行。言有宗，事有君。夫唯無知，是以不我知。知我者希，則我者貴；是以聖人被褐懷玉。	五十八章 吾言甚易知，甚易行。天下莫能知，莫能行。言有宗，事有君。夫惟無知，是以不我知。知我者希，則我貴矣；是以聖人被褐懷玉。	五十八章 吾言甚易知，甚易行。天下莫能知，莫能行。言有宗，事有君。夫惟無知，是以不我知。知我者希，則我貴矣；是以聖人被褐懷玉。
七十一章 知不知上，不知知病。夫唯病病，是以不病；聖人不病，以其病病，是以不病。	五十九章 知不知上，不知知病。夫惟病病，是以不病；聖人不病，以其病病，是以不病。	五十九章 知不知上，不知知病。夫惟病病，是以不病；聖人不病，以其病病，是以不病。
七十二章 民不畏威，大威至矣。無狎其所居，無厭其所生。夫唯不厭，是以不厭。是以聖人自知不自見，自愛不自貴，故去彼取此。	六十章 民不畏威，大威至矣。無狎其所居，無厭其所生。夫惟不狎，是以不厭。是以聖人自知不自見，自愛不自貴，故去彼取此。	六十章 民不畏威，大威至矣。無狎其所居，無厭其所生。夫惟不狎，是以不厭。是以聖人自知不自見，自愛不自貴，故去彼取此。

七十三章	六十一章	六十一章
勇於敢則殺，勇於不敢則活。此兩者或利或害。天之所惡，孰知其故，是以聖人猶難之。天之道，不爭而善勝，不言而善應，不召而自來，繟然而善謀。天網恢恢，疏而不失。	勇於敢則殺，勇於不敢則活。此兩者或利或害。天之所惡，孰知其故，是以聖人猶難之。天之道不爭而善勝，不言而善應，不召而自來，坦然而善謀。天網恢恢，疏而不失。民不畏死，奈何以死懼之？若使民常畏死，而為奇者吾得執而殺之，孰敢？常有司殺者。夫代司殺者殺，是謂代大匠斲。夫代大匠斲，希有不傷其手者矣。	勇於敢則殺，勇於不敢則活。此兩者或利或害。天之所惡，孰知其故，是以聖人猶難之。天之道不爭而善勝，不言而善應，不召而自來，坦然而善謀。天網恢恢，疏而不失。民不畏死，奈何以死懼之？若使民常畏死，而為奇者吾得執而殺之，孰敢？常有司殺者。夫代司殺者殺，是謂代大匠斲。夫代大匠斲，希有不傷其手者矣。
七十四章		
民不畏死，奈何以死懼之？若使民常畏死，而為奇者吾得執而殺之，孰敢？常有司殺者殺。夫代司殺者殺，是謂代大匠斲。夫代大匠斲者，希有不傷其手者矣。		
七十五章	六十二章	六十二章
民之饑，以其上食稅之多，是以饑。民之難治，以其上之有為，是以難治。民之輕死，以其求生之厚，是以輕死。夫唯無以生為者，是賢於貴生。	民之飢，以其上食稅之多，是以飢。民之難治，以其上之有為，是以難治。人之輕死，以其生生之厚，是以輕死。夫惟無以生為者，是賢於貴生也。	民之飢，以其上食稅之多，是以飢。民之難治，以其上之有為，是以難治。人之輕死，以其生生之厚，是以輕死。夫惟無以生為者，是賢於貴生也。
七十六章	六十三章	六十三章
人之生也柔弱，其死也堅強。草木之生也柔脆，其死也枯槁。故堅強者死之徒，柔弱者生之徒。是以兵強則不勝，木強則兵。強大處下，柔弱處上。	人之生也柔弱，其死也堅強。草木之生也柔脆，其死也枯槁。故堅強者死之徒，柔弱者生之徒。是以兵強則不勝，木強則共。故堅強處下，柔弱處上。	人之生也柔弱，其死也堅彊。草木之生也柔脆，其死也枯槁。故堅彊者死之徒，柔弱者生之徒。是以兵彊則不勝，木彊則共。故堅彊處下，柔弱處上。天下柔弱莫過於水，而攻堅彊者莫之能先，以其無以易之也。柔之勝剛，弱之勝彊；天下莫不知而莫能行。是以聖人云：受國之垢，是謂社稷主；受國之不祥，是謂天下王。
七十八章	六十五章	
天下柔弱莫過於水，而攻堅強者莫之能勝，以其無以易之。弱之勝強，柔之勝剛；天下莫不知而莫能行。是以聖人云：受國之垢，是謂社稷主；受國不祥，是謂天下王。正言若反。	天下柔弱莫過於水，而攻堅強者莫之能先，以其無以易之也。柔之勝剛，弱之勝強；天下莫不知而莫能行。是以聖人云：受國之垢，是謂社稷主；受國之不祥，是謂天下王。	
七十七章	六十四章	六十四章
天之道其猶張弓乎？高者抑之，下者舉之，有餘者損之，不足者補之。天之道，損有餘	天之道其猶張弓乎？高者抑之，下者舉之，有餘者損之，不足者補之。天之	天之道其猶張弓乎？高者抑之，下者舉之，有餘者損之，不足者補之。天

而補不足。人之道則不然，損不足以奉有餘。孰能以有餘奉天下？唯有道者。是以聖人爲而不恃，功成而不處，其不欲見賢。	道損有餘而補不足。人之道則不然，損不足以奉有餘。孰能以有餘奉天下？惟有道者。是以聖人爲而不恃，功成而不居，其不欲見賢邪？	之道損有餘而補不足。人之道則不然，損不足以奉有餘。孰能以有餘奉天下？惟有道者。是以聖人爲而不恃，功成而不居，其不欲見賢邪？
七十九章 和大怨必有餘怨，安可以爲善？是以聖人執左契而不責於人。有德司契，無德司徹。天道無親，常與善人。	六十六章 正言若反。和大怨必有餘怨，安可以爲善？是以聖人執左契而責於人。有德司契，無德司徹。天道無親，常與善人。	六十五章 正言若反。和大怨必有餘怨，安可以爲善？是以聖人執左契而責於人。有德司契，無德司徹。天道無親，常與善人。
八十章 小國寡民，使有什佰之器而不用，使民重死而不遠徙。雖有舟輿，無所乘之；雖有甲兵，無所陳之；使人復結繩而用之。甘其食，美其服，安其居，樂其俗。鄰國相望，雞犬之聲相聞，使民至老死不相往來。	六十七章 小國寡民，使民有什佰之器而不用，使民重死而不遠徙。雖有舟輿，無所乘之；雖有甲兵，無所陳之；使民復結繩而用之。甘其食，美其服，安其居，樂其俗。鄰國相望，雞犬之聲相聞，使民至老死不相往來。	六十六章 小國寡民，使民有什佰之器而不用，使民重死而不遠徙。雖有舟輿，無所乘之；雖有甲兵，無所陳之；使民復結繩而用之。甘其食，美其服，安其居，樂其俗。鄰國相望，雞犬之聲相聞，使民至老死不相往來。
八十一章 信言不美，美言不信。善者不辯，辯者不善。知者不博，博者不知。聖人不積，既以爲人己愈有，既以與人己愈多。天之道利而不害，聖人之道爲而不爭。	六十八章 信言不美，美言不信。善者不辯，辯者不善。知者不博，博者不知。聖人不積，既已爲人己愈有，既以與人己愈多。天之道利而不害，聖人之道爲而不爭。	六十七章 信言不美，美言不信。善者不辨，辨者不善。知者不博，博者不知。聖人不積，既已爲人己愈有，既以與人己愈多。天之道利而不害，聖人之道爲而不爭。

第三節　參考之作

　　大凡著述之作，必有參考書籍，以爲憑藉。清郭慶藩所輯之《莊子集釋》，非建立於晉郭象《注》、唐成玄英《疏》與陸德明《音義》之基礎上，不能成書；然郭《注》、成《疏》與《音義》之完成，乃是作者平時閱讀、整理資料所彙集而成，書成亦有所資。太祖御注《道德經》，自不能憑空杜撰，當有其參考著作。其中最主要之參考書乃元朝吳澄之《道德眞經注》。

一、吳澄（草廬）之《道德真經注》

　　吳澄，字幼清，撫州崇仁人。又稱吳草廬。「初，澄所居草屋數間，程鉅夫題曰草廬，故學者稱之為草廬先生」，「草廬」之號由是來。宋末人，後仕元，為一代大儒，「吳澄，國之名儒，朝之舊德」。其思想頗近陸象山（子靜），「（吳澄）又嘗為學者言：『朱子於道問學之功居多，而陸子靜以尊德性為主。學問不本於德性，則其敝必偏於言語訓釋之末，故學必德性為本，庶幾得之。』議者遂以澄為陸氏之學，……」其著作不少，「於《易》、《春秋》、《禮記》，各有纂言，盡破傳註穿鑿，以發其蘊，條歸紀敘，精明簡潔，卓然成一家言。作〈學基〉、〈學統〉二篇，使人知學之本，與為學之序。……校定《皇極經世書》，又校正《老子》、《莊子》、《太玄經》、《樂律》，及《八陳圖》、郭璞《葬書》。」〔註18〕

　　太祖注文明指其參草廬注本之處僅有三：其一，三章「不尚賢」下，言「草廬已注盡矣，吾再益之。」其二，四章「道沖而用之」下，言「內有象帝二字，或難著注，依草廬以言天象。」其三，十七章「絕學無憂」〔註19〕下言：「草廬云：央猶盡也。」然不僅僅止於三處，其他襲用草廬之注文，太祖注文中並無細講，須對照吳本使能得知其中之大要矣。今分項臚列於後，以為分析比較：

章　節	明太祖《御製道德經》注文	吳澄《道德真經注》注文
一章	道，猶路也。 徼言邊際也。	道猶路也。 徼者，猶言邊際之處。
三章	草廬之注盡矣。	人之賢者，其名可尚。上之人苟尚之，則民皆欲趨其名而至於爭矣。貨之難得者，其利可貴。上之人苟貴之，則民皆欲求其利而至於為盜矣。蓋名利可欲者。不尚之，不貴之，是不示之以可欲，使民之心不爭，不為盜，是不為亂也。
五章	特以鑄冶風匣比之。……故以橐籥云。	橐籥，冶鑄所用噓風熾火之器也。
六章	天地不自生者，人本不知天地自生不生。但見風雨霜露，益於世人，亙古至今不息，未見天自生者。	天地以其氣生萬物，而不自生其氣。

〔註18〕以上引文俱見《元史‧吳澄傳》。
〔註19〕以下《老子》原文之章節，全依太祖《御注》，不再詳述。

七章	人能訪有德之人，相爲成全德行，以善人多處則居之，其心善行廣矣。若與善人論信行，則政事無有不治者。故善治。既知治道之明，凡百諸事皆善能爲造，及其動也，必合乎時宜。	彼眾所善則居之，善必得地。心之善必有信；政之善貴其治；事之善貴其能；動之善貴其時，「時」謂當其可。七者之善，皆擇取眾人之所好者爲善，可謂之善而非上善也。
十四章	又以猶豫二獸名於其中…… 此蓋教人持身保道，止是不欲太過耳，故所敝不新成。所以敝不新成者，不盈不壞是也。	豫猶皆獸名。 成謂完備。凡物敝則缺，新則成。敝而缺者，不盈也；新而成者，盈也。保守此道之人，不欲其盈，故能敝缺，不爲新成。
十五章	容，謂悅貌也。	容謂形著而見乎外，內有養者，其外貌自與人不同也。
十七章	草廬云：央猶盡也。 飂，蕩驅也。長風。	央猶盡也。 如飂飂之長風
十八章	甫者，美麗也。	甫，美也。
二十二章	昔周穆王乘八駿而遊是也。	周王之乘八駿。
二十四章	樸散而爲器，則聖人用之。樸，道未行也，散而爲器，道布也。聖人用之，則爲官長，非官長也，云人主是也。淳於此而畜於中，散而爲道，周行聚則樸而混一，雖云散，未嘗曾散，所以云不割是也。	樸雖已散而猶欲復歸其全，則已散如未散
二十六章	若有此無故損傷物命，非身即子孫報之。 「早已」，是謂既老必不久也」	雖或能勝其禍，必還報之。 不道者早已，言其不能久也。
二十七章	不敢臣，即不敢小也。若王主之，萬物將自賓。自賓，是人物來臣貢也。言甘露降，人莫之令，即不知誰人使令如是，均乃和氣自然而然。 德之造化如許，名乃云甘露，是其名也。 道在君子之胸中，能堅持不忘，則如長江大河之水一般。世間之雲雨興作，百川泛濫，本海爲源，何以見之？海，太陰所集，陰昇騰而雲雨作，如道之行，既行則溢江河，既溢江河，復朝宗於海，及道之體用也。	若能守此道，則萬物尊之爲主，而將自賓矣。自者，非我欲其如此，而彼自如此也。 譬如天地之氣相合而降爲甘露，雖無人使令之而自能均，及於萬物，萬物生畜於此道之中，故有道者可以爲萬物之主，而萬物咸賓焉。 有名者德也。道無名，自道而爲德，則有名。 蓋道之在天下，猶江海爲眾流之所歸；德者猶谿谷之眾流，德而復歸於道，則猶谿谷之會同於江海。
二十八章	不失其所者久，謂此數事能常常守之行之。	惟明惟強，則見眞守

二十九章	道之恩，世間萬物憑此而發生，既生萬物，道何言哉？ 聖人善能利濟萬物，又不自誇其功，是謂能成其大。	萬物賴道以生，而道則無言。 聖人與天地一也，……天地不居其功，萬物不知所主。
三十二章	王道布宇內，民從而國風淳。久之民富，人將奢侈，是以鎮之。謂爲王者身先儉之，以使上行下效，不致縱欲是也。	欲，謂有心爲之。作，猶起也。言未能純乎無爲之道者，方將待之化而遽有心於欲。其化欲之心一起，則非無爲之道矣。吾，欲作者之自吾也。鎮，謂壓定使之不起。無名之樸，謂此無爲之道也。欲作之時，必將以此無名之樸鎮壓其有心之欲，以道自治也。既以此無名之樸鎮其欲，則其欲亦將不欲矣。
三十四章	昔之得一者，即無極之初氣也。初氣者，大道理是也。以此氣而成天地，故天地得一以清寧。神乃乾坤之主宰，至精之氣，聚則爲神，變則無形而有形，是謂得一以靈。谷者，兩間人世也，天地虛其中而爲谷，和氣盈於兩間，萬物生其多之故，是謂盈也。萬物各得合應之氣，至精者方萌，謂之得一以生。王臣乘此天地之精英而不僞，大道行焉，是謂天下貞。	天、地、神、谷四者名異實同，其用感應無方，故靈；谷則兩間空虛之處，張子所謂空虛即氣者，其氣充塞無間，故盈。貞猶木之楨幹，「爲天下貞」，猶曰爲民極也。言天清、地寧、神靈、谷盈，萬物之生生不窮，侯王立乎天下之上而爲民極，其所以致之者皆由得此一也。
三十五章	道乃先天地之一氣，以清升而爲天，濁沉墜而爲地，是爲一生二，天地乃曰二儀，與先天地一氣並作是三。二儀既立，四象昭昭，日月星辰是也。因有風雨霜露，四時成序，萬物生焉。	道自無中生出沖虛之一氣，沖虛之一氣生陽生陰，分而爲三，陰陽二氣合沖虛一氣爲二，故曰生三；非二與一之外別有三也。
四十二章	天地大道，生人本以十分爲率，因譬云或過三分，故號十有三者。既言生，忽便云十有三死者，此死者是前生之徒十有三。所以言者何？蓋爲人生於世，謂貪取養生之物多，是致取非其道，用非其理，反爲所傷是也。何以見之？曰酒色財氣，無病醫藥過劑，及有病不醫，飲食衣服不節，思欲過度，妄造妖言，奸邪犯憲，冒險失身，不畏鬼神，不孝不悌，於此數事，人未嘗有能免者。或云除奸邪冒險、不畏鬼神及不孝不悌外，餘皆善終，何以見非理也？曰：以爾所云，此其所	道乃先天地之一氣，以清升而爲天，濁沉墜而爲地，是爲一生二，天地乃曰二儀，與先天地一氣並作是三。二儀既立，四象昭昭，日月星辰是也。因有風雨霜露，四時成序，萬物生焉。

	以往往多死非命者爲此也。因不知大理何如,故被物欲之善(?)殺也。即動之死地十有三,非此者何?又云善攝生者,有兩不避,人莫不以爲眞如是乎?非也。言君子之爲人,務多持道,動合天理,於心不作邪謀,陷身之罪,安有致身於兕虎兵刃中,以其無死地也。	
四十三章	即四時交泰之理道焉;以其細名之,春生、夏長、秋收、冬藏是也。	生之者,萌動而生之於春,……畜之者,止聚而收之於秋,……形之者,因春生之物長之於夏,以盛大其形,品物流形之亨也。成之者,乘秋收之勢,藏之於冬,以成完其實,各正性命之貞也。
四十七章	又「益生曰祥」。「祥」云非祥,益乃非自然而添力爲之者,是爲彊,爲將不祥,妖也。又比云以心使氣乃有力也,力出於氣,氣盡而力亡,驗乎!言諸事勿彊爲乃貞;若彊爲即是壯,壯即是盡,又老,既老必衰,既衰必亡,言如此者非道也。	祥,妖也。非天地正氣曰妖,不能如赤子純氣之精,則恃形而助仔,是以外養之幻身益其生,非氣之正也。因情而動氣,是以外感之欲心,使其氣恃人僞之強也。恃形而助者,形之壯;因情而動者,情之壯。凡物壯必老,是不得常道者也。不得道者,早終而不能久。常如赤子,則不壯,惡乎老,既不老,惡乎已。
五十一章	鬼本不神,因時君無道,故依草附木,共興爲怪,以兆將來,亦有戒焉。時君若知怪非常,能革非心,以正道心,則天意可招回焉。不然則天雖不敘,必假手於可命者,則社稷移而民有他從,不可留也。故云神不傷人,非神不傷人,爲此也。	鬼,天地之氣;神,靈怪也。人之氣與天地之氣通爲一,有道之主以道臨蒞天下,簡靜而不擾其民,故民氣和平,充塞兩間,相爲感應。而天地之氣無或乖戾,故鬼不爲靈怪,興妖災也。
五十八章	知我者希,老子方貴。	謂知我言之可貴者少,此我之言所以爲貴。若使人人能知我之言,則我與眾同,不足貴矣。

　　自漢迄元,注《老》之作不知幾凡,爲何獨重吳草廬注,不採他家之說,其意頗令人費解。私意以爲,是太祖於元末抗爭時、或開國之後,對於儒士之搜羅訪求,一直不遺餘力。草廬既是元朝重儒,想必太祖於其人其書,焉有不重視之理?此其一也;其次,引用其注作爲己注《道德經》之依據,亦是表達重視之另一形式;再者,後代於吳草廬注本之評價並不惡,如陳鼓應

先生即云:「註解精確明晰,爲研究老學的人所必讀的一本好書。」〔註20〕可見太祖於參考注本之選擇上有過一番比較;且草廬之《注》,「態度平實」,〔註21〕頗合太祖務實個性,再加上草廬亦有些許道教背景,柳存仁先生即言:「吳氏又頗受宋元以還道教言內丹者之影響,……」,〔註22〕太祖也有道教背景,前文已有論及。故從以上幾點因素交互影響下,草廬注本便成爲太祖注《老》時最主要之參考依據。

二、唐玄宗、宋徽宗《御注》

除吳草廬注本之外,太祖亦頗注意唐、宋兩帝之《御注》,即唐玄宗《御註道德眞經》、《御製道德眞經疏》〔註23〕與及宋徽宗《御解道德眞經》。〔註24〕前文已詳細介紹唐、宋兩帝注本,此不重覆。然又何以參考二聖注本,亦頗費思量。不過,私意以爲,此比上述草廬之例單純許多。在太祖注《老》之前,身爲帝王統治階層,且爲《道德經》作注者,僅有此二帝;基於相同之立場與角色,太祖於此二帝之注本,遂不能不興起模仿與參考之意念。故太祖《御注》中存在開元、政和《御注》之影,是很可以被理解的。茲舉出二聖《御注》中影響太祖《御注》者,以茲參考比較:

(一)唐玄宗部份

1. 二 章

太祖注文云:「若治天下者,務使百姓安。不知君德之如何,即古野老云:帝力於我何有哉!」唐玄宗《疏》「萬物作而不辭」云「故擊壤鼓腹而忘帝力,此人忘聖功也。」開元《御注》與太祖此處注文均引此「帝力於我何有哉!」可知太祖或本此也。

2. 十六章

太祖注云:「所以老子自云『三者以爲文不足』,言人必不識其意也。」唐玄《注》:「此三者但令絕棄,未示修行,故以爲文不足垂教,……」

〔註20〕陳鼓應:《老子今註今譯乃評介·二次修訂本》,台北·臺灣商務,1997年,頁366。
〔註21〕同注2,頁480。
〔註22〕同注2,頁400。
〔註23〕《正統道藏》「洞仙部」,玉訣類,男字、效字。
〔註24〕同上,才字、良字。

3. 十七章

太祖以「乘乘兮」爲「如乘舟之貌」，或因唐玄宗《疏》云：「乘乘，運動之貌。……泊然安靜，乘流則逝，值坎而止」而興起。

4. 十九章

太祖注云：「諸善一而諸惡靡，故爲天下式，豈不去多惑也。」蓋以去多惑即抱一也，旨實同唐玄。唐玄宗《注》云：「聖人抱守淳一，即可以爲天下法式。」其註「少則得」，又云「抱一不離則無失」；太祖之註可與此並參。

（二）宋徽宗部份

1. 九 章

太祖注云：「載，謂以身爲車。」宋徽宗注：「聖人以神御形，以魂制魄。故神常載魄而不載於魂，如車之運，百物載焉。」其中兩帝注釋頗爲相似，宋徽之《注》，太祖本之。

2. 十四章

太祖注云：「人輕不可得而知彼之機。」宋徽注則曰：「古之善爲士者，微妙玄通，名實不入，而機發於踵，其藏深矣，不可測究。」其於「機」之論調，實有相通之處，可堪玩味一番。

3. 二十一章

太祖注云：「遠謂流行。」宋徽則曰：「應而不窮故曰遠。」

三、其 他

除以上注本之外，太祖同時參考宋元間其他注《老》之著作，此亦同時說明：太祖注《老》並非只參草廬注本，對於其他注《老》之作，均有涉獵；同時，因其有之三教合一思想，是故於太祖注本中，實可見儒家經典與釋氏之語。茲陳列如下：

（一）儒家之說

1. 引《尚書》

太祖注十一章云：「外作禽荒，內作色荒。」此乃《尚書・五子之歌》語也。太祖亦曾注過《尚書・洪範》，於《書經》之大旨想必了然心中，故此以

《書》之語況之。

2. 引《中庸》

　　太祖注十三章引《中庸》所云：「天命之謂性，率性之謂道，修道之謂教。」比喻爲「道紀」。茲不論上述引用是否正確，太祖之文義貫通，此實一明證也。

（二）佛家之語

　　二十八章

　　太祖注云：「釋氏云：『不生不滅。』，即此是也。」是其用佛家解老之例證也。

（三）宋元諸家

1. 林希逸《老子鬳齋口義》〔註25〕

　　二十一章

　　太祖亦掇撦宋元理學考語，而以道家之道「即太極之道」，而此節則「以先天地無極之氣理言之，以比君子仁德之心未施之意，井井於心」。林希逸《老子鬳齋口義》云：「有物混成，道也。無極而太極，其生在天地之先，言天地自是而生也。」或爲太祖此處所本。

2. 邵若愚《道德眞經直解》〔註26〕

　　二十八章

　　「死而不亡者壽」一句，太祖既言「行之將名垂萬古而不朽」。邵若愚《道德眞經直解》云「形雖死而性不亡，處於不生滅之鄉」（《道藏》372）直逼似之。《直解》作於紹興己卯（1159）。

3. 陳景元《道德眞經藏室纂微篇》〔註27〕

　　三十五章

　　太祖注：「道乃先天地之一氣，以清升而爲天，濁沉墜而爲地，是爲一生二，天地乃曰二儀，與先天地一氣並作是三。二儀既立，四象昭昭，曰日月星辰是也。因有風雨霜露，四時成序，萬物生焉。」太祖之言，近於陳景元《纂微篇》所云：「清氣爲天，濁氣爲地，和氣爲人」之意。

〔註25〕同注23，彼字。
〔註26〕同注23，改字。
〔註27〕同注23，欲字。

（四）王弼、河上公

二十一章

太祖注云：「遠謂流行。」或參河上公注，其曰：「言遠者，窮於無窮，布氣天地，無所不通也。」二十四章亦留意河上公《注》。太祖注文云：「常有德之士，於心不忒，既不忒，當去其私欲，合精神爲一，以存乎其中，如先天地之理氣然，即無極是也。」其所云「合精神爲一」，蓋遙合於河上公註云「德不差忒，則久壽長生，歸身於窮極」，及「治身則以大道制御情欲，不害於精神」

小 結

從以上之整理耙梳，吾人可得知：太祖非不讀書者，注文中引用曾引用如《書》、《中庸》或宋元間諸家注《老》之作。可知太祖注《老》，雖親自撰寫，未曾假儒臣之手，卻也須參用前人之注，以供斟酌損益。是以太祖注《道德經》之時，是以草廬之《注》爲底本，斟酌開元、政和《御注》，同時對於宋元間之注《老》之作，與通行之王弼與河上公注本，均包括其中。雖其中或有誤解、或就如後代學者所言之「乾綱獨斷」，那亦是太祖個人因環境、背景因素所導致之結果，此後文有所交待，暫且不論；但太祖此一注述之態度，吾人是應予以正面肯定也。

第四章 《御製道德眞經》之基本立場與基本理解

　　本章乃延續上章而來。早歲之朱元璋，並無讀書求學之機遇；再者，早年軍旅生涯，南征北討，戰馬上生活日久，早已養成崇向質樸、不務虛華的性格，表現於其《御注》上，即呈現出樸實、少有思辨性之注文，且多傾向現實層；其於《道德經》之理解，例如「道」、「無爲」等等概念，必需對其有一初步之認識，始能明其所云。

第一節 太祖對《道德經》之基本立場

　　關於太祖注《老》之基本立場，私意認爲，吾人需再細細咀嚼太祖《御注‧序》與太祖《御製文集》中所言，才能體會其中之一二。

一、現實政治之結合

　　《御注》序文中曰：「惟知斯經乃萬物之至根，王者之上師，臣民之極寶，非金丹之微也。」《實錄‧卷九十五》其云：「老子此語，豈徒託之空言，於養生治國之道，亦有助也。」《御製文集‧三教論》亦說：

> 孰不知老子之道，非金丹黃冠之術，乃有國有家者日用常行，有不
> 可闕者是也。古今以老子爲虛無，實爲謬哉。其老子之道，密三皇
> 五帝之仁，法天正己，動以時而舉合宜，又非昇霞禪定之機，實與
> 仲尼之志齊，言簡而意深。時人不識，故弗用，爲前好仙佛者假之。

從上述紀錄與言論，吾人不難發現，太祖於《老子》之體認，乃著眼於「養

生治國之道」與「有國有家者日用常行」之上，即從國家、政治、養生等層面進行深究；《老子》之道並非道教所云之「金丹、黃冠之術」，其與實際、實用面之結合是密不可分的。前文也提及太祖於佛道二教之尊崇，實出於現實政治面之需要而如此，《御製文集‧心經序》云：「其爲教也，仁慈忍辱，務明心以立命，執此道而爲之，意在人皆若此，利濟群生。今時之人，罔知佛之所以，每云法空虛而不實，何以導君子、訓小人。以朕言之不然，佛之教實而不虛，正欲去愚迷之虛，立本性之實。」對佛教教義是此種理解，那亦不難理解被道教奉爲經典之《道德經》亦是作此解釋。之所以會如此，非無脈絡可尋，其一即《御注》序文所云：「自即位以來，罔知前代哲王之道，宵晝遑遑，慮穹蒼之切。」乃急需治國之道，是以太祖注《老》之時，常與現實政治糾纏不清，《御注》第一章，於「無名天地之始」句下注曰：

> 且如吾爲天下君，善政之機日存於心而未發，孰知何名？才施行則有賞罰焉。不但君心有賞罰，賢人君子有志，則皆能利濟萬物。所以「無名天地之始」，即君子仁心畜之於衷，發而濟萬物，則有名矣。

太祖之解釋不離其乃治理天下之君，故解《老》用治天下事爲比喻：有施行，行動之後才有賞罰，不僅君王如此，賢人君子亦有志於此，皆能於萬物，包括人在內，有所助益；且君子修養仁心於己身，最終實行利用於萬物之上，如此才有聲名顯示。太祖此段之解釋，乃與政治面牽扯之例證之一，其他例證《御注》中俯拾皆是。又六十六章「小國寡民」下，太祖注云：「彼此之民密邇，終是無棄此而往彼者；彼亦不來。非不來也，乃君之不貪爾。若果有貪，即納逋逃，致鄰邦有問，安得如此耶？民人豪富者彼此各有佃田之人，納粟以奉其主家。若富者能綏之以德，所取者微，所與者厚，則人人皆蒙恩而按堵能安其生業。若富民取不以道，役不以時，則其人將挈家而逃於他鄰矣。」此非所以注《老子》，蓋元末變亂時人民流離之景況，太祖蓋親歷之矣。

既然《御注》與政治之關連密不可分，前文亦提及太祖崇實賤虛之個性，以現實面來注解《老子》，乃其必然之結果，此由《御注》第一章亦可窺其端倪。太祖注曰：

> 若有志於行道者，當行過常人所行之道，即非常道。道猶路也，凡人律身行事，心無他欲，執此而行之，心即路也，路即心也，能執而不改，非常道也。「道可道」，指此可道言者，蓋謂過人之大道。道既成，名永矣。即非常之名，可行焉，可習焉。

以「路」以喻「道」、「心」,從「道既成,名永矣」來深究,「名」似為「名
聲」之名;「常道」為「常人所行之道」,「非常道」則為「行過常人所行之道」;
且以「律身行事」為此段之主旨,人與道之關係必於此著手。故無論從何角
度來看,太祖解此段,均從「實」解,乃顯而易見也。太祖之《御注》與政
治、實際結合之緊密,是乃人必須先具備之認識。

二、注文平實

太祖注《道德經》雖未假文學侍臣之手,乃一手完成之作,前已累言之
矣。但若遇經文難懂難解之處,太祖除參考其他注本外,或誠實道出其難注、
難說、或注文簡而言之,並不強作解人。第四章「道沖而用之」,於「吾不知
誰之子,象帝之先」句下,其云:「老子歎問曰:『吾不知誰之子,象帝之先。』
內有『象帝』二字,或難著注。」十三章「視之不見名曰夷」,太祖注云:「此
三者不可詰,言三物無形而有形,有象而無象,是難說也。」又三十一章「將
欲歙之」,太祖注僅云:「柔淺而機深,智者能之,絕註。」於此吾人或可見
太祖「於其所不知,蓋闕如也」之著書精神。

正因太祖此著書之精神,《御注》中亦有不少注文平實之處,且有時亦頗
得道家之旨。第四章「道沖而用之」,於「挫其銳」句下,太祖注曰:

> 吾己之英明,若快利而且尖,當去其尖。如己之擾亂於心,當去其
> 擾亂之心,澄之以清靜。己之心若晃耀之明,則歙之,且同時畜英
> 明於衷,朗然而存焉。其挫銳解紛和光同塵,蓋老子戒人,諸事勿
> 過甚,故存德以施仁。

可以見其文字雖稍有艱澀之處,但其意則至為明爽。又第八章「持而盈之」,
於「金玉滿堂」句下,太祖注曰:「世之有富貴者,每每不能保者何?蓋為因
富貴而放肆,高傲矜誇不已,致生他事,有累身名,是自遺其咎,莫之能保
也。」對於此句之注解,太祖之意可謂明白。又二十章「希言自然」,於「跂
者不立,誇者不行」句下,太祖注曰:「跂跨者亦比也。且跂短足之人,一足
不能立也,跨乃躍也,又跳也,又如跨騎,未達鞍也。如此者皆不行而不立,
由人所好者孰焉。其四「自」之說,有何難見也?不過使人毋得張聲勢耳。
我盡作為,惟取自然而已。餘食贅形,亦誇也。爾既自誇,人誰不笑,所以
君子不取為此也。」語意甚為明瞭。

非但如此,太祖《御注》中不乏能得道家旨意之注文。第二章「天下皆

知美爲美」，太祖於此注云：

> 有能行道者，篤能行斯大道，勿於道上加道焉，善上更加善焉。……
> 美盡而惡來，善窮而不善至矣。若治天下者務使百姓安，不知君德
> 如何，即古野老云：「帝力於我何有哉？」

此即言有能行道者，勿道上加道，善上加善，乃此善此美不必使人知；人人知
其不免增美，增美則斯惡至矣！此句太祖之悟解甚爲高明。又二十二章「重爲
輕根」，於「是以君子終日行，不離輜重」下，太祖注：「終日行者，行道心也；
不離輜重者，以此輜重比身也。其道理者，人心也。心乃神魂所棲之處，若神
魂而妄慮妄爲，使不守其心而縱其所欲，是爲離輜重也。譬如帥師遠行而敵境，
豈有棄其軍糧而先行焉？先行則失糧，所以君子持身若是。」太祖此釋以「行」
爲心神，以「輜重」爲身體，行爲離其輜重者爲神魂妄慮妄爲，使不守其心而
縱欲，故強調個人之行爲舉止，尤在國家之措施之上，亦頗具其特識；又於本
章「雖有榮觀，燕處超然」下，注曰：「君子但知守己之微寶耳，持心以靜，不
欲他美者，故燕處超然是也。」太祖惟持靜重而不他騖之心，固亦有所見。又
十二章「寵辱若驚」下，太祖於最後注云：「若人君肯以身爲天下，以百姓之身
爲身，則帝王之身，宇內可獨行而無憂。若以身爲身，天下爲天下，雖萬千之
甲士從之，猶恐不禦也，是故帝王愛天下，如愛己身，獲昌。」其於帝王應「以
身爲天下，以百姓之身爲身」之見解，誠能得此篇老子之旨。

三、少有玄理思辨之語

其二，正因爲其注文政治現實性強，故對於《道德經》中形而上、思辯
性較強之思想，太祖均少論及，常一反原意，而以現實腳踏實地之精神申述
之。關於「有」、「無」問題，太祖於第一章「道可道」中，即以「且如吾爲
天下君，善政之機，日存於心而未發，孰知何名？」之「於心未發」爲「無」，
且以「才施行則有賞罰」之「賞罰」爲「有」，對於「有」、「無」之中關於一
些形而上且思辨性之問題，均無牽涉，吾人即可從此知其一二。然《御注》
中最明顯之例，即第十章「三十輻共一轂」，其注云：

> 三十輻共一轂，是古時造車之法，每輪以三十輻攢一轂，方成一輪，
> 所以號曰三十輻共一輪。此是一輪也，係是備用副輪。言有車之家，
> 有此是爲便利正車頹壞，無輪之時，則以此輪爲用，即先置以爲備，
> 儻正器敝，則以此器代之，此所以「有器之用」。「鑿戶牖」之說，

言有房之家，門扇窗扇，當造房之時已嘗足備。其有房之家，慮恐久有損壞，故特置餘以備之。所以《經》云：「有之以爲利，無之以爲用。」蓋聖人教人，務要諸事必欲表裏如法，事不傾覆，人王臣庶，可不體之？

太祖《御注》頗參吳草廬，草廬注此章云「有」爲「有此車，有此器，有此室」，以「無」爲「空虛之處」、「爲用皆在空虛之處」，[註1] 太祖並不採其說；然不論章中「有」、「無」所代表之意義爲何，其在「有」爲體，在「無」爲用之觀念，則歷代諸家解《老》，均大同小異，實無異詞。太祖乃別出新解，不論其云「造車之法」或「備用副輪」，均是獨一無二之解。吾人可知太祖自申其治事辦備之嚴，儼然凡事有備無患之精神，充斥其間，卻不精於思想玄理之分析，吾人或可於此印證太祖平實之性格，然欲於此得其玄理思想之一隅，不可不謂失望矣。

　　然御注並非僅此一例，十八章「孔德之容」，經文云：「孔德之容，惟道之從。道之爲物，惟恍惟惚。恍兮惚兮，其中有物。惚兮恍兮，其中有象。」本極縹緲之致矣，但太祖注曰：

孔德之容者，言大德之貌，若行道者能踵斯以爲式，可不非常道也。且道德之爲物，聽視皆不見，忽有之，故下惟恍惟惚，恐學者之難窮而忘之。云恍兮惚兮，其中有物，其又惚兮恍兮，其中有象，慮人指爲眞，虛而不實，特云「有象」，使知道德之理無不實也。

此太祖崇實且不擅玄理之又一明證也。是以知太祖之注，非爲《道德經》作注解，實以《老子》爲己之注腳耳！正因其理解著重於人本身，不拘泥於抽象概念。四十七章之注文，亦可見此一特性。經文云：「含德之厚，比於赤子：毒蟲不螫，猛獸不據，攫鳥不搏，骨弱筋柔而握固，未知牝牡之何而峻作，精之至也。」太祖云：

此四物使蜂子未出房，虎子方脫胎，雕鷹裸而未翎，其有知乎？不知也。以其天性未散不覺也。老子之意，欲人守道，心當以爲比方作大人君子，莫不又有不信者，又再比云此數物，當骨嫩筋軟之時，其特物也不能挈緊，固即緊也。

太祖之解釋乃與眾不同，毒蟲猛獸等，歷來之解釋均爲不能加害於人，太祖則解釋爲它們在幼小之時，與人爲赤子時相同，俱是天性未開之狀態。然以

〔註1〕　吳澄：《道德眞經注‧卷一》，台北‧新文豐，民國76年。

「蜂子未出房，虎子方脫胎，雕鷹裸而未翎」爲無知，爲「天性未散不覺」，如赤子之無知與天性未開。蓋未審三句之意在說明赤子可喻於人之含德之厚，而誤以毒蟲三事可比之赤子也。從其注文少談玄理思想與現實政治之牽連瓜葛躍然紙上之狀，略得知其一二矣。

四、不擅字義訓詁

誠如上述，少玄想與崇現實之乃太祖注文之所重，故對於字句之訓詁，顯然就並非那麼重視。太祖於字句訓詁上，或抄襲他人注解者，如第一章於「常有欲以觀其徼」下，言「徼言邊際也。」實出自吳草廬之注。〔註2〕十七章「絕學無憂」下言：「草廬云：央猶盡也。」亦是此一情形，此不難理解。

然更有自創新意實屈解原意者。第一章於「常有欲以觀其徼」，太祖注曰：「非他欲也，乃欲善事之周備耳。慮恐不備，而又欲之，非聲色財利之所欲。」明顯可看出其「欲」作動詞解，並不當於吾人一般作名詞解，故言「非聲色財利之所欲」。再者，第七章「上善若水」，於「夫惟不爭，故無尤」句下，其注云：「謂能其事矣，而己不可太過也。」此處解無尤之尤爲「太過」。草廬於此注云：

> 夫惟有道者之上善不爭，處上而甘於處下，有似於水，故人無尤者。
> 尤，謂怨咎。

草廬此注可謂一目了然。但太祖解「尤」之意，實出人意料之外。或因其天下乃「爭」而來，然不欲太過，恐憂禍隨至，故解「無尤」爲「不可太過」也。此又一例。又十六章「太上，不知有知」，於「此三者以爲文不足，故令有所屬」句下，太祖注曰：「故再有所屬，令人務尚儉而淳實，少□（疑缺私字）寡欲，是爲之屬也」，以「屬」爲「叮囑」。太祖《御注》多從草廬，草廬注云：「猶云『附著』也」，〔註3〕此其不與草廬同調，實乃太祖言之耳；然太祖何以有此解，或不悟原文「令有所屬」之被動性語氣。〔註4〕二十章「希言自然」下其注言：「政事方施於心，早望稱頌，故謂希言。希言者，希望人言好也。」草廬此注云：「『聽之不聞曰希』，『希言』，無言也。得道者忘言，

〔註2〕同上。
〔註3〕同註1。
〔註4〕柳存仁：〈道藏本三聖注《道德經》會箋〉，收於《利風堂文集》，上海：上海古籍，1991年，頁277。

因其自然而已。」草廬之說實無異於諸家注本，然太祖此言「希望人言好也」，使人如入五里霧中，大嘆不解也。然何以會有此解？柳存仁先生曰：〔註5〕

> 河上公注：「希言，謂愛言也。愛言者自然之道。」此或爲明祖所以
> 誤解之由。河上公注：「大音希聲」，亦言「喻常愛氣希言也」，可並
> 參。

柳說可供吾人另一思考途逕，同時頗具參考價值。同樣之情形亦出現於二十五章「將欲取天下而爲之」，於「凡物或行或吹，或响或吹」句下，其注云：「响，徐徐出氣也。吹乃急出也。所言急則乏疾，徐則有餘。」吳草廬注引蘇氏（轍）注曰：「或响而暖，或吹而寒」，此說亦清楚明白，然太祖不從也。《御注》中字句訓詁不佳者並非僅有這幾處，此舉例說明矣。無論如何，字句訓詁非太祖所重視者，亦可從這幾例中得其共識也。

第二節　《御注》於老子思想之理解

對於以上太祖注老之基本立場，有初步了解後，吾人可進一步深究《御注》對於老子思想之理解。不僅爲了印證前文所論述之太祖之性格，更同時理解太祖於《老子》一書之基本體認。首先，吾人可先於《御注》中對「道」之詮釋作一深入研究。

一、「道」之理解

前文已提及《御注》第一章對「道」之詮釋，乃以「路」爲解，此以實際面解也，並以「律身行事」、「若有志於行道，當行過常人所行之道」，強調對「道」之詮解，重點在於施行，第七章「上善若水」，太祖於此句下注曰：「此老子導人行道，養性修德，行仁、利人、濟物者若是，蓋水之性無所不潤，無所不益，故善人效之，卑而不昂，用而有益，則道矣。」以水之特性喻道，仍需「行仁利人、濟物」，且還要「用之」，「道」才能有所助益，亦重在施行面。此是太祖於「道」之一解。然太祖於「道」非僅此一解，亦非不知老子於「道」之難以詮解，故太祖於四章「道沖而用之」，注云：「道之理，幽微而深長」；十三章「視之不見」下，其注云：「言理道之幽微如是也」；同樣於四十五章「使我介然有知」下，其注曰：「謂大道之幽微，以爲比云」，

〔註5〕同上，頁291。

可見太祖明瞭此「道」乃是幽微深長；非但如此，太祖亦認爲「道」是「無名」、「無形」，十七章「絕學無憂」，太祖注：「道乃無形之理」；三十五章「反者道之動」，太祖注：「道隱無名，誠然。」；而三十章「執大象」，太祖之注最能將此一情形說得清楚明白：

> 其謂道，無形無影，口說時無驗，亦無滋味，看又不見，耳聽之又無聲。

既是無名無形，又幽微深長，此可謂太祖於「道」之了解。太祖雖知「道」之本質如此，復以「氣」之概念言此「道」。三十五章「反者道之動」，太祖注：「道本先天地之氣」，三十四章「昔之得一者」，則把道、氣之關連，作了一個交待，其注云：「初氣者，大道理是也，以此氣而成天地」。以氣爲道之內涵，是以知此氣而成天地，實是「以道而成天地」之意也。四十四章更進一步說明萬物亦由道所形成。太祖注云：

> 大哉，道理之機，其始其母，本虛又實，是以其萬物由此而出焉。

> 云始母，人能知大道，能如是生生不絕，則常守其大道。

人要能知此「大道」，且時時守住，萬物之生長始能生生不絕。然此處有一地方需吾人注意，即太祖說「本虛又實」之意。前文提及太祖注「道」從實解，卻又明指「道」是「無名」、「無影」、「無名」，似前後矛盾，相互牴誤。但吾人若細細研讀原注文，則對於「本虛又實」有所了解。太祖注第一章曰：「道之幽微，靜無名而動有益，即無極而太極是也。」注第四章，其曰：「道之理幽微而深長，用之而無盡，息之而無形。」注十七章，其云：「道乃無形之理，善用無乏焉，故盈之而弗厭。」注三十章，其云：「其謂道，無形無影，口說時無驗，亦無滋味，看又不見，耳聽之又無聲，愚人將謂無有，上善用之，終古不乏，是謂不可既。」從以上之原文，可以知太祖所云道之「本虛又實」，「本」指道在靜、在未有作用之時，是「虛」、是「說時無驗，聽之無聲」；然其「實」，明指道在動、在作用之際，即「盈之弗厭」、是「終古不乏」。二十二章「重爲輕根」於「是以君子終日行不離輜重」句下，太祖注：「其道理者，人心也」；二十七章，太祖注云：「道無名，言仁心大德是也」；二十一章「有物混成」太祖其注更進一步指出：

> 以先天地無極之氣理言之，以比君子仁德之心，未施之意，井井於心，寂兮寥兮，獨立而不改，以其凝而不妄動，周行而不殆，可以爲天下母。

說與前文實相呼應，以氣言道，此道即是「天下母」；同時還指此道是人心，即仁心大德是也，仁心道德於未作用之時，存於心中，如何能知；即其有所作用，始知此乃仁心道德之施用；四十四章亦注云：「大道果何？曰仁、曰義、曰禮、曰智、曰信，此五者，道之化而行也。」此以儒家之五常爲其解，是知儒家學說於太祖心中之地位，亦可證前文太祖乃三教合一論者。太祖所注並無不妥，其於「譬道之在天下」句，太祖更明指此乃道之體用。其注：

> 道在君子之胸中，能堅持不忘，則如長江大河之水一般。世間之雲雨興作，百川泛濫，本海爲源，何以見之？海太陰，所集陰昇騰而雲雨作，如道之行，既行則溢江河，既溢江河，復朝宗於海，及道之體用也。

以長江大河喻「道之體」，昇騰而雲雨作爲「道之行用」；二十四章「知其白」，太祖於「樸散則爲器」句下，注云：「樸，道未行也，散而爲器，道布也。」其意亦同，可見其思想正一貫也。由以上論述可知，太祖於「道」亦知其幽微難以詮釋之處，此「道之體」；然最後仍落到現實中，以「仁心大德」、「五常」解釋道之內涵，須有施用才可顯現，此「道之用」也。

然何人能行此「道」？前舉「愚人將謂無有，上善用之」已透出些許消息，乃帝王能之；而「既行則溢江河，既溢江河，復朝宗於海」，海乃江河所朝，此「海」顯然爲帝王之比喻，此即太祖自身之喻也。行道之目的何在？五十三章「道者萬物之奧」，太祖注云：「大道利濟萬物，君子以爲至寶，惡人雖可暫得，不可常保。」此「君子」即指帝王，其以「大道」爲至寶，正因其「利濟萬物」，人亦是萬物之一，利濟萬物即希冀一切均能有所治理；惡人雖可暫時得此大道，但因其非以此爲目的，故「不可常保」。六十三章「人之生也柔弱」，太祖注曰：

> 天地大道之氣，萬物無不稟受之，在乎養與不養，行與不行耳。若君及臣庶，君用此道天下治，臣用此道忠孝兩全，匡君不怠，庶人用此，家興焉。反此道者，豈不堅彊枯槁？

「萬物無不稟受之」，同時遙合前所「萬物由此而出」，此明說君若用此道，則天下大治，是行道之目的乃在治國。此亦不難理解，因太祖身爲帝王，無非就是希望天下國家能安定也；然不僅君主能用之，臣庶亦能用之行之，則各有「忠孝兩全」與「家興」之結果，此是大道利濟萬物之表現；反之，則「堅彊枯槁」，上述之結果即無法達成也。

二、「無爲」之體認

太祖於「道」之體認如上述，而於老子書中另一重要觀念：「無爲」，又作何解？頗令人好奇。事實上，太祖於「無爲」之注解，乃得其中之精義也。

其於三十二章「道常無爲而無不爲」下，太祖注解「無爲」最爲詳實，其曰：

> 道治天下，專其志而守之，所守在心，所爲居衷，無形無影，乃道
> 常存，即是無爲無不爲。

道要專志始能守住，其道長存於心，久之自然合乎於道，一舉一動，均不違道之精神，才能常存且實行不輟。不僅於前道之旨相符，太祖更提出「專志」、「所守在心」之「無爲」，以成就「道治天下」、「道乃常存」之無不爲；於此透露出些許消息：太祖心中之「無爲」，實非「不爲」也。然「無爲」太祖作何解？十七章「絕學無憂」，太祖注云：「蓋持道而不妄爲，以守天經地式也。」同樣於二十四章「知其白」，於「知其雄」句下，太祖亦注：「又非眞無知之貌，不過使心不妄爲耳。」太祖深知老子之意，非「不爲」也，乃「不妄爲」之意，以此「無爲」之定義，可謂別有見地；從上所引，此種「爲」，是於「道」之精神下而爲，始能稱之「不妄爲」，於前文所論述「道」之旨，實若合符節也。

然於何狀況之下行此「無爲」之治？太祖亦有說明。其於三十二章「上德不德」注「上德無爲而無以爲」下注：曰「因其措事已定，別無可爲，亦不尙巧，即是無不爲。」太祖初得天下，正其所謂「措事已定」，該做之事，均已完成，故「別無可爲」，同時不崇尙華而不實之取巧；因前之「措事」之有爲，而得後之「無可爲」。五十四章「爲無爲」下，太祖其注，意實同此理：「爲無爲，事無事，謂當可爲之事，先利時而爲之已盡，免致後多繁爲而不安也。」可知「無爲」目的之達成，先有「有爲」之舉，始能成此「無爲」也。

同時，太祖仍不脫帝王本色，帝王乃行此「無爲」之主角。其於六十一章「勇於敢則殺」於「代大匠斲，希有不傷手」句下，注曰：

> 猶有過誤者故違者，君有所不赦。天地以司君，君乃代天而理物。
> 若或妄爲，其有救乎？即人主不赦過誤故違者是也。

其以「人主不赦過誤故違者」爲不妄爲，其意至顯。非但如此，亦明言有過誤或故違，即「妄爲」者，不會有好結果與下場，「其有救乎？」乃於這種人之警告也。又六十三章「人之生也柔弱」下，太祖注云：「又云治家者以道律身，以禮役奴僕，則奴僕驅勞而治家者安，木枯根而深固，枝葉榮矣，則幹

全而永年。豈不知諸事先理道而後成？故奴僕驅而主逸，枝葉繁而幹盛，皆撫綏乘氣之至也。故奴僕營而資給於家，枝葉繁而招雨露於幹，其理勢之必然！道哉堅彊下而柔弱上是也。」此處所主張之「堅彊下而柔弱上」者，實指明帝王之「無爲」，仍需建立於臣下之有爲，故太祖於此「下有爲而上無爲」，所見亦有足稱者。

三、「自然」之見解

　　太祖《御注》對於「自然」之解，亦有其個人之見解。陳鼓應先生認爲，老子哲學常被稱爲「自然」哲學，「自然」一觀念的重要性，可以從這句話看得出來，即老子說：「人法地，地法天，天法道，道法自然。」所謂「道法『自然』」，是說道以它自己的狀況爲依據，以它內在原因決定了本身的存在和運動，而不必靠外在其他原因。可見「自然」一詞，並不是名詞，而是狀詞。也就是說，「自然」並不是指具體存在的東西，而是形容「自己如此」的一種狀態。〔註6〕

　　然太祖《御注》「自然」之解爲何，同樣是「道法自然」，太祖於二十一章下注：「所以人法地者，君天下，當體地之四序交泰，以爲常經而施政。地法天者，聽風雨霜露，以生實收斂物焉。天法道者，以無極之氣，自然徐成之也。道法自然者，和氣沖而物不敝是也，故能自然。」似乎亦是一種「自己如此」之狀態；若仔細研讀後，可以發覺其所不同者，要達成「自然」之目的，需有前提輔助，即是在「和氣沖而物不敝」下始可。於太祖眼中，此「自然」已是一種眞實存在之狀態。十六章「太上，不知有知」於「猶兮其貴言。功成事遂，百姓皆謂我自然。」下，太祖注：「……但人不言好而又不言否，則事平而且穩，雖不言，久日百姓將必美之，豈不自然？故自然也。」此更明白指出「自然」是一種狀態，亦是可以達成之狀態。二十章「希言自然」，太祖注：「此云小人之仿行道者如是，且政事方施於心，早望稱頌，故謂希言。希言者，希望人言好也。又自然者，復以非常道戒之，故董仲舒有言：『正其誼，不謀其利；明其道，不計其功』，所以自然。義既正，道既明，他日自然乎！此自然者，戒也。」此意謂自然之事，不假外求也。政事務實事求是，若實至則他日名自歸之也；及所謂「『自然』者，戒也」者，言此自然二字，乃老子垂示所以爲後世之戒，不可希冀他人之頌言也。

〔註6〕　見陳鼓應：《老子今註今譯與評介》，台北：臺灣商務，1997年，頁26。

　　而此一狀態之內容爲何？四十三章「道生之」，於「道之尊，德之貴，莫之命而常自然。」下，太祖注云：

> 若以道德言之，無形而有形，君天下者，能垂衣裳而坐命之，使此二物周旋而不息，則天下貞安，是謂常自然。

五十四章「爲無爲」，於「學不學，復眾人所過，以輔萬物之自然而不敢爲」下，太祖亦言：「因此若逮施及萬物，物得自然，無有不化者。」此「自然」即是以從君主自身行之，順從人性與事物的自然規律；目的則是天下則天下貞安，無有不化，不脫現實政治面，亦由此可見。

四、「愚民」之原意

　　余英時先生於〈反智論與中國政治傳統〉與〈唐、宋、明三帝老子注中之治術發微〉二文中（俱收於《歷史與思想》一書中），談及「愚民」時，以「反智論」言之，認爲道家的反智論影響及於政治必須以老子爲始作俑者。而這種反智成份的具體表現便是權謀化，後世帝王之註「道德經」者如明太祖便不期而然地從權謀方面用心。〔註7〕然私意卻認爲，權謀有之（此後文另述），但愚民是否即爲「反智」，就太祖而言，恐需再斟酌一番。五十五章「古之善爲道者」，太祖注云：

> 上古聖君，道治天下，安民而已。豈有將貨財聲色奇巧以示天下，使民明知？若民明知貨財聲色奇巧，君好甚焉，則爭浮利，尚奇巧之徒盈市朝，朝皆棄本以逐末矣。所以有德之君，絕奇巧，卻異財，而遠聲色，則民不爭浮華之利，奇巧無所施其工，皆罷虛務而敦實業，不數年淳凡大作，此老子云愚民之本意也，非實癡民。

太祖於此明白指出「愚民之本意」爲：「非實癡民」。非以明民，太祖則言爲將貨財聲色奇巧明示天下之民。故非以明民，非必是把道明示於民，也應包括貨財奇巧等事；太祖亦云不明民之愚民政策，乃是爲了引導民眾不爭浮華之利，皆罷虛務而敦實業，非使民癡愚之意。六十二章「民之飢」下，太祖注曰：「既多失養，無所不爲，尤其難治。人皆輕死，所以輕死者，違法冒險以取食用，何故？舍死之甚，以其別無生路也。愚民無知，將以違法冒險，可以養生，孰不知亦喪身矣。」由此句得知之所以有「愚民」，乃是「失養」

〔註7〕　見其書，頁 11、77。

之故，若可以養生，此會做出喪身之事？可知「反智」之觀點，至少就明太祖而言，是需再細讀原文，方能得其正解。

小　結

　　以上是深究太祖《御注》前所需之先備認識，有了這一層體認與了解，對於吾人更進一步研讀，實有莫大之幫助。

第五章 《御製道德眞經》之聖人觀、政治思想與天命觀

本章試就洪武《御注》中所呈現之核心概念，即聖人、政治、天命等觀念，進行深入研究。首先，太祖以帝王之身份解《老》，不免於注文中透露其國家初定、君臨天下之消息，《老子》所言之聖人、君子，亦爲太祖理解爲「帝王」；且帝王乃古代地位最崇高者，是以其帝王意識、修養、治術，乃至政治施爲，自爲歷代帝王所重視，太祖自不能不於此多所用心。此外，《御注》中「天命觀」概念之出現，亦值得吾人留意。「天命」一詞，《老子》原文中無見，卻爲太祖諄諄言之者，爲何以「天命」解之，其中之原委，更待吾人發掘。

第一節 聖人觀之體現

一、帝王意識

太祖身居帝王九五之尊，其身份地位自與一般解老者不同；然《老子》書中所言之「聖人」、「君子」等，無論古今注疏，俱無異於今人所言之領導者或統治者。《御注》於此處所言之「聖人」、「君子」，太祖反轉化爲自身爲此帝王形象之依托也。《御注》第一章即曰：「上至天子，下及君庶」，開頭便點出「天子」一詞，或可於其中知其意；隨後又云：「且如吾爲天下君，善政之機日存於心而未發，孰知何名？」直接於注文中將自己身爲「天下君」之身份表明，其意至爲明顯；於第四章「挫其銳」句下亦云：「吾己之英明，若

快利而且尖，當去其尖。如己之擾亂於心，當去其擾亂之心，澄之以清靜。」此以「吾」為句中主詞，「吾」即指太祖自己，故此句之帝王形象已躍然紙上。第二章於「是以聖人處無為之事」句下，太祖注：「聖人篤其己成之大道，已不再他為，曰無為。」此非但印證前舉無為之意，尤注意者，由「聖人篤其己成之大道」，可體會出其注解「聖人」為「人君」之意，故而言此。三章「是以聖人之治」句下，注云：「是以聖人常自清薄，不豐其身，使民富乃實腹也。民富則國之大本固矣。」能關心「民富」乃「國之大本」者，此聖人為人君之化身，不難體會也。四十一章「聖人無常心」，其注云：「聖人之君天下」，表明其理解「聖人」為得天下之帝王，此帝王又為得道者，太祖則自認為是此種帝王。太祖更於二十四章注文中，直接明言「聖人」即「人主」也。於「聖人用之」句下，其注：

> 聖人用之，則為官長。非官長也，云人主是也。

然太祖有時亦以「君子」以指「人君」，可見其心中，「聖人」、「君子」俱為「帝王」之代稱。十四章「古之善為士者」句下，太祖注：「君子所秉者，得天地至精之氣，乃神慧不妄為。使其動，則諸事有理焉。」前云聖人持道而行，道得天地之氣而成；此又云君子得天地之氣，即得道矣；以「君子」為人君之轉化，可見其端。三十六章即可證此一說，其注云：「君子之親，日親於道，多多於道。……君子守有命之名，藏合得之物，是知足不辱，知止不危，可以長久，云永不壞也。」「長久」、「永不壞」等，正喻其國家之國祚也；此君子乃為人君之比，不難想見也。十五章「致虛極，守靜篤」，太祖注：「君子之學道，體天道而行四時之常經。是故處心虛極，以守靜篤。……君子之守道行仁，猶四時而序之，則道矣。」由此句之敘述可知，太祖亦以君子自比，是以「君子」比「人君」，不言可知矣。五十六章更明顯見其「君子」、「聖人」，實同指「人君」也。其注曰：

> 戒為君子為國家者，能容而且納，大事成矣。……是以昔聖人勞身
> 心而安天下，所以民親之愛之不怨，無有謀者。

以「為君子」、「為國家」者相提並論，又以聖人為喻，此君子之比「人君」、「人主」，與前述之「聖人」相互對照，其意實一致也。

既知太祖以聖人、君子為自身之比，且太祖初定天下，頗思有以治之，是以御注於此，乃不時透露太祖之帝王主體意識。例如：三十五章「反者道之動，弱者道之用」，太祖注：「道行則被萬物，物足用而道歸我。反也其動

字，既歸又將動也。」明顯看出此「反」字作「歸」解，非解爲「運行」、「循環交變」之意。〔註1〕「歸」字又做何解？太祖注三十章「執大象」下，其云：「歸者從也，即天下往。」乃做「從」、「往」解。此「物足用而道歸我」，「我」即是太祖自比，「歸我」可見其天下萬物均爲我有之意；然《御注》中尚不只此例，二十一章「有物混成」，於「大曰逝」句下，其注云：「物得而道，仍歸於我，豈不反也？」古時帝王爲天下之中心，萬物終歸於我，又一證明也；二十九章「大道泛兮」，於「萬物歸焉而不知主」下，注云：

> 大道既施，萬物各得其所，而後萬物歸於我者。

「萬物歸於我」，此亦太祖帝王意識之表現。是知此三章非但其意一致，且互爲表裏。太祖帝王意識之強烈，可謂明矣。

二、帝王之品德修養

《實錄‧卷九十五》有言：「老子此語，豈徒託之空言，於養生治國之道，亦有助也。」此即明說太祖心中《老子》一書實有助於「養生治國」。「治國」容易理解，不外乎政治思想與治術之運用，此留待後文。至於「養生」方面，讀遍《御注》全書，私意以爲，應從帝王本身之品德修養著手，以達成其政治理念爲目的。此非但符合太祖於此時統治之初期，欲治國必先修身之心態，更冀望由帝王一人之修身，治理國家，達到天下安定之期望也。此亦前述帝王意識之具體表現。

然太祖心中是如何實踐其品德修養？其標準何在？前述太祖「無爲」之體認時，以「勿過爲」、「勿妄爲」解之，此「過」、「妄」，即「過多」、「過分」之意於此。其於第四章「道沖而用之」，於「挫其銳」句下，太祖明白指出：

> 其挫銳、解紛、和光、同塵，蓋老子戒人，諸事勿過甚，故存德以
> 施仁。

「諸事勿過甚」，正太祖品德修養之原則，能如此方可存德行以施行仁政。然太祖此一「過甚」之思想從何而來，太祖亦自有主張。其注四十二章「出生入死」，注解云：

> 蓋爲人生於世，謂貪取養生之物多，是致取非其道，用非其理，反
> 爲所傷是也。何以見之？曰酒色財氣，無病醫藥過劑，及有病不醫，

〔註1〕此用勞思光先生之解，見其《新編中國哲學史》，台北：三民，民國84年，頁240。

飲食衣服不節，思欲過度，妄造妖言，奸邪犯憲，冒險失身，不畏
鬼神，不孝不悌，於此數事，人未嘗有能免者。

人之重視生命，乃人之天性，但過於養生，反而害生；因養生而貪取，以致
取非其道，違背生命之理。蓋追求養生之道，固可以求取生存，然過分貪取，
則不免失之矣。第八章「持而盈之」，於「金玉滿堂」句下，同樣表示此一見
解，其注：「世之有富貴者，每每不能保者何？蓋爲因富貴而放肆，高傲矜誇
不已，致生他事，有累身名，是自遺其咎，莫之能保。」此二例之思想實一
致，均是太祖所以持「勿過甚」之理。

明白此一原則之後，吾人可於《御注》涉及帝王個人品德修養方面，分
爲以下幾項述之：

（一）謙 卑

太祖於三十四章「昔之得一者」，於「故貴以賤爲本」句下，明確說明帝
王首重謙卑，其云

爲仁人君子者，務尚謙卑爲吉。……所以俗云言吾惡者是吾師，言
吾善者是吾賊。

身爲眾人之上之帝王，需時時勉勵自己保持謙虛之態度，且引俗諺證此非虛
言也。八章「持而盈之」，太祖注云：「身退謂當謙，而勿再尙之，非退去也。」
亦是說明此一謙虛之態度，於爲人主者之重要性。然當注意者，此「謙卑」
之意乃用於個人之修養，非用於天下國家之上。正因太祖之天下乃奪取而來，
並非拱手讓人之意，其云「非退去也」，實爲此意。

（二）不妄言、不稱美

有「謙卑」之修養後，於一切之作爲，乃以此爲出發，要求自己行爲上
務要達成此一目的，同時對於上述「勿過甚」之原則，亦不能忽略。是以太
祖於六十七章「信言不美，美言不信」，其注云：「忠信君子之於世，道行天
下，不謂人所驟誇美者，是爲上。若使人稱美者，即是自張聲勢。」帝王行
道於天下，乃有利於天下國家，不欲一般人大所誇揚耳。反之，則是自張其
聲勢，此非帝王所欲爲也。二十九章「大道汎兮」於「萬物恃之以生而辭，
功成而不居。」太祖注：「言君子行道，務不誇爲上，所以不誇，即不辭。所
謂不辭，即事業成而不任己之能是也。」其意與上所言實同，同時指出，不
誇之因乃是「事業成而不任己之能」；又十六章「太上，不知有知」，於「猶

分其貴言，功成事遂」，太祖注曰：「言君子之用事也，事成不欲使揚其己能，故事遂。」其解「猶分其貴言」，乃曰君子事成，不欲他人贊揚自己之意，正與前太祖所注重「謙卑」之意，不謀而合也。太祖又說明帝王行道與小人行之差別何在。四十八章「知者不言」下，其注曰：

> 知者不言，謂君子能行道也，何哉？以其事物未至無可應者，雖知
> 也不妄言。其不知大道之徒，平昔略不曾涉歷諸事，與人相處終日，
> 喃喃云知，自以爲辨，及其臨事，不能也。此小人學道未達是也。

太祖所謂不言是行道，意謂君子重行不重言，表明其看重行動，輕視談論。而小人因其學道未達，平日缺少歷練，自以爲大，然臨事卻如上所云「不能也」。小人與帝王之不同，因小人好此「稱美」之言，而帝王反是。二十章「希言自然」正，太祖注曰：

> 此云小人之仿行道者如是，且政事方施於心，早望稱頌，故謂希言。
> 希言者，希望人言好也。……義既正，道既明，他日自然乎！此自
> 然者，戒也。道者，非非常之人安能如是？……所以言者，比希言
> 若驟風雨之狀，縱有也不能久，故比云。

「非常人」乃帝王之比也。此蓋謂政事務實事求是，不必希望人之稱頌，苟實至則他日名自歸之，乃自然之事，不假外求也。此二者所言之義相符合，正明其中之道理。故帝王勿被小人之希言所迷惑，此種稱頌之言，如自然界之飄風驟雨，雖有亦不能久，隨來隨散無法掌握。若帝王只注重企求人們的稱頌之言，則爲小人之行徑，非帝王者也。然帝王所爲者何？二十二章提出解答，其於「雖有榮觀，燕處超然」下，太祖注：「君子但知守己之微寶耳，持心以靜，不欲他美者，故燕處超然是也。」即是。

（三）勿縱欲

帝王若能守謙卑，且於他人之稱美、誇言能不爲所動，執大道而行於天下國家，其國必定民風淳良。五十五章「古之善爲道者」，太祖注文正說明此帝王行道，一片民風淳然之景。「所以有德之君，絕奇巧，卻異財，而遠聲色，則民不爭浮華之利，奇巧無所施其工，皆罷虛務而敦實業，不數年淳凡大作」。但三十二章「道常無爲而無不爲」於「化而欲作，吾將鎭之以無名之樸。無名之樸，亦將不欲。」句下，太祖又認爲國家富足後，則易產生奢侈之風，不能不注意。太祖注云：

> 王道布宇內，民從而國風淳。久之民富，人將奢侈，是以鎭之。謂

為王者，身先儉之，以使上行下效，不致縱欲是也。

太祖認為，由帝王自身做起，不使其「縱欲」，使欲望過於人之所需，並引導民眾，期能收上行下效之成果。帝王是奢是儉，關係整個國家之風俗；帝王若能以身作則，則全國人民不待教導而自化，此亦是帝王統治者之一大任務。十五章「致虛極，守靜篤」下，太祖注云：「致虛極無他，乃去妄想私欲以盡耳。守靜篤，使堅守其寡欲之心。」若能將心中之妄想私欲徹底除去，則能使「心」處於「虛極」狀態；然妄想私欲並不易除，故需「守靜篤」，即堅守其心。何以如此要求帝王？二十二章「重為輕根」，於「是以君子終日行，不離輜重」，太祖之注清楚說明帝王品德之重要：

　　終日行者，行道心也，不離輜重者，以此輜重比身也。其道理者，
　　人心也。心乃神魂所棲之處，若神魂而妄慮妄為，使不守其心而縱
　　其所欲，是為離輜重也。

太祖此釋以「行」為心神，以「輜重」為身體，行為離其輜重者，則神魂妄慮妄為，使不守其心而縱欲；對於欲望要有所節制，即是自身心中之覺悟。人心是支配人的行動的中樞，心中不靜，胡思亂想，導致胡作非為，這就失去立身的根本；蓋帝王個人之行止影響，尤在國家之措施之上，故不得不如此要求也。

（四）儉　樸

太祖除上述所言之外，因其早年生活艱苦困難，謀生不易，亦曾遊食淮西，是故生性尚儉。《御注》於「儉樸」之思想，亦多所發揮。三章「不尚賢」，於「是以聖人之治，虛其心，實其腹，弱其志，彊其志」句下，太祖注曰：「是以聖人常自清薄，不豐其身。」即以此對帝王有所期望與要求；其於六章「天長地久」，於「是以聖人後其身而身先」句下，太祖注：「後其身者，儉素絕奢。……以其不豐美其身，使不自安而身存，乃先苦而後樂也。」然此云「不自安而身存」，且又提出「先苦後樂」之見，其意實同前述之見也。五十一章「治大國若烹小鮮」，其注曰：

　　善治天下者，務不奢侈，以廢民財，而勞其力焉。若奢侈者，必宮
　　室臺謝諸等徭役並興，擅動生民，農業廢，而乏用國危，故設以烹
　　小鮮之喻，為王者馭天下之式。

治天下者不務奢侈，此非對帝王統治之要求，亦是帝王本身品德修養之條件之一。在不務奢侈之前提下治天下，才能步上正軌；否則天下不治，「乏用國危」，則天下亂，此即後段所言之「馭天下之式」，統治天下實依此法式，不

過如此而已。十七章「絕學無憂」「眾人熙熙」句下，太祖注曰：「其游賞宴樂，乃用物而驕盈也。既盈而有虧，以蕩志而用物過也。是以老子懷素而守常，非如嬰兒之無知未兆，非心不知此之爲樂，蓋持道而不妄爲，以守天經地式也。」此更進一步說明，此「天經地式」或「天下之式」，其實就是「持道而不妄爲」，其說與前文之論述，不相違背也。

　　然守「儉樸」之於行用或修身之作用已如上所言，其具體行動又如何？十一章「五色令人目盲」，太祖注曰：「此專戒好貪欲，絕遊玩，美聲色，貴貨財者，此文非深，即是外作禽荒，內作色荒，酗酒嗜音，峻宇雕牆是也。」太祖於此別有用心，認爲「此文非深」，以爲對於儉樸之具體施行，不外是上述所言，亦同時由自身的覺悟始能達成，此比空談心性實爲有益。六十章「民不畏威」，太祖之說明尤爲詳細，其注：

> 又無狎其所居，無厭其所生，王勿多花園，勿多離宮，愼勿微行，
>
> 勿近優伶，勿費民用，非理勿勞，動必以時，臣庶平日勿近愚頑凶
>
> 暴，勿毀人技藝是也。

太祖於此，對帝王提出了「六勿」的要求，同時臣庶也須「二勿」，此雖顯露出太祖雖常於《御注》中，將自己帝王之身份投射於此；但於臣下品德，亦時有要求。此同時呈現君臣上下，以「儉樸」之品德修養，共同愼勿，爲了一個目的，即天下太平，帝位安穩。

第二節　政治思想之施行

　　既知太祖御注《道德經》乃爲其統治找出理論基礎，爲達其政治目的所作，故其《御注》所呈現之政治思想，實値得吾人仔細深究；並試圖描繪出太祖之政治理念，以明其治術之資與權謀思想之運用。

一、政治治術

（一）不妄改前人之政

　　因太祖此時初得天下，政局尙未平穩，故一切施政之作爲，以守前代之規章爲務，不加妄動，以免造成更大之社會不安。三十七章「大成若缺，其用不敝。大盈若沖，其用不窮。大直若屈，大巧若拙，大辯若訥。躁勝寒，靜勝熱，清靜爲天下正。」太祖注：

清靜爲天下正，此言理道之守甚嚴，謂君天下者既措安之後，當堅
守其定規，勿妄爲。妄爲或改前人之理道是也。改則亂，不改則天
下平，是謂正。

此段表明太祖得天下後之施政大綱，乃是堅守其定規，而勿妄爲。果決勿躁，
是堅定不移地執行自己的政策，不受他人的干擾。四十九章「以正治國」，亦
是此一原則之陳述。其注云：「若言奇者，天下不巧者，安能常久？雖云奇，
謂妄說爲奇，於斯之道，果奇耶正耶？……故聖人守正而不改，強不恃能。
道行焉，道成焉，民安物阜。」不亂改前王法度，擾亂天下，以此使天下民
安物阜，意實一致。

（二）治人省苛

元末暴政，荼毒人民百姓，當時之生活就已是顛沛流離；加上群雄割據，
百姓流離失所，生活更加困苦。後太祖一統天下，創立明朝，天下正值敗亂
之後，急需休養生息，太祖注意於此，乃於政治上行治人省苛之治。其於《御
注》實有所反應。四十九章「以正治國」下，太祖注：「亦言察察，謂苛政也。
民多不足，此君之禍也。」此「察察」之政，擾民甚多，即所謂「苛政」也，
致使人民無法休養，積畜財富，故爲「不足」，太祖則進一步說明，此爲君禍，
並引以爲戒。六十一章於「勇於敢則殺，勇於不敢則活。」下，太祖亦注云：

治天下務專常道，以利群生，勿尚苛暴。若苛暴，民爲所殺者多矣。
若果而行此，是謂勇。當法天地，施大道，如四時之常經，居動以
時，順其事而賞罰焉。則民被恩，活者多矣。

天不與萬物爭，萬物順從天時變化，自然生存死滅，方能相安無事。太祖喻
爲帝王者，從中吸取經驗，不敢輕侮天下萬物眾民，使人民百姓均能自然地
生存死滅。若爲君者不行此「苛政」，則會有怎樣之結果？六十七章「信言不
美」，太祖注云：「聖人之明四目，達四聰，觀其自然，聽於不察，在國君則
人無橫禍，國無邪殃，即君不苛苛察察，身國自安。君子家身安矣，莫不因
此而篤乎？……聖人君子體而行之，遂得。」是以聖人君子，莫不奉行不違。
正因其非但家國均安，於其自身平安，「無橫禍」，而唯一注意者，實「體而
行之」，身體力行，始能得之。五十章「治人事天莫若嗇」則更說明若能省「苛
政」，國家就能日趨於政治之穩定，其注云：

治人苛以法，事天祈乃福，苛則人變，祈疊禍生。若能治人省苛，
事天祀以理，廣德以安民，則其德厚矣。雖不祈於天福，乃天福也。

> 既感天如此，其福莫知其根，則國穩矣。

苛政是多餘之政，省苛並非不治人，是在適當限度內有所作爲；太祖之治人省苛，事天以理，實爲達成國家長治久安之不二法門也。

（三）有備無患之精神

太祖乃重實際不尙虛幻思想者，再加以元末群雄割據抗爭之背景影響下，行事思慮周詳，有備無患。此一特點，太祖於《御注》中表露無遺。前云第十章「三十輻共一轂」，太祖其注即點出「備用副輪」，正此有備無患之表現。「此是一輪也，係是備用副輪。言有車之家，有此是爲便利正車頹壞，無輪之時，則以此輪爲用，即先置以爲備，儻正器敝，則以此器代之，此所以『有器之用』。『鑿戶牖』之說，言有房之家，門扇窗扇，當造房之時已嘗足備。其有房之家，慮恐久有損壞，故特置餘以備之。」車輪需有備，一般人民之居家，雖於建造之時俱已完備，但「恐久有損壞」，仍要「置餘以備之」，太祖於此所展現其「預備」之精神，可以想見。此是就一般情況而定，六十章於「是以聖人自知不自見，自愛不自貴，故去彼取此。」則以聖人即太祖自身行事尤需具有此一精神，太祖注：「又甚戒人云古聖人凡事要先料其備者，備之則爲自知，其可備之凶，將不自見也。」此一「預備」會予帝王行事帶來如何之利？五十四章於「爲無爲，事無事，味無味。圖難於其易，爲大於其細。天下難事必作於易，天下大事必作於細。」下，太祖注：

> 又無事之時，常恐有非理之事及於身，故先若有事而備之，及得安
> 於無事也。……若十分難事，以急輕圖，果難也。知其難措，所圖
> 之德，務要萬全，一圖便得，即易也。

於無事之時，常憂心有「非理」突然發生或降臨於自身，故事先備之，才能「安於無事」。正因爲先前準備萬全，行事始可「一圖便得」；否則，亦知「果難也」，卻無法完成。此皆見太祖爲一實行家，及其有備無患之精神。

（四）軍事用兵方面

在軍事或用兵方面，太祖五十七章「天下皆謂我」，於「夫慈，以戰則勝，以守則固。天將救之，以慈衛之。」句下，太祖注：「夫慈戰，非慈而不戰，於心慈於眾士之命，不得已而戰，故守城必堅，縱被困圍，天必加護，何知加護？以其心有所不忍戰傷人命故。此章皆言有道之兵，奉天討僞，將不妄爲，存仁厚德，君將無憂而禍平矣。」慈是待手下士兵之慈，而不是對敵人

之慈。對士兵之慈，並非不讓他們犧牲，而是對他們有慈愛之表示，使其肯
爲我賣力拼命，這就是慈於戰爭中之用處；太祖更指出，戰爭乃是出於「不
得已」，也正因「慈」之緣故，不忍看見人民因戰爭而傷，進而喪失生命。太
祖自認爲老子是爲帝王用兵出謀劃策，若按照「不妄爲」、「存仁厚德」等「有
道」之方法，就是有道之兵。有道之兵必勝。太祖能奪得天下，從老子書裡，
實深有體會。

但論「慈」恐太過空泛，四十九章談到用兵之法與其效果，其於「以正
治國」下，太祖注曰：

> 以正治國，以奇用兵，以無事取天下。吾何以知其然哉？此以正治國，
> 老子著跡言之，下文以奇用兵，以無事取天下，文奇矣。正謂端正，
> 治國文實，奇非譎詐用兵，謂施仁德於外，及盈布於敵，使慕而效順
> 來歸，則彼此不傷物命。善平禍亂，善安天下，即以奇用兵。奇，奇
> 於布德也。以無事取天下，無事，無事於戰也。又不得已而以奇用兵
> 者，奇於師出以律，彼屈而我直，王者之師，奇於不殺物命。經云：
> 吾何以知其然哉？此言若依大道，事乃必興，故云其然哉。

是以知用兵之法乃「施仁德於外」，自然會使敵軍「效順來歸」，以不戰達成
戰爭之效果，此即爲戰爭之最大目的也。

太祖還要求用兵時勿猶豫。二十六章「以道佐人主者，不以兵強天下，
其事好還。」太祖注：「爲人臣者，不務以道佐人主，乃務尚兵強，喪人主也。
當可發兵而猶豫，致君不發，亦亡君也。」太祖既知務尚兵強可喪人主，又
知當發兵而猶豫就將亡君。此全從實際思想面出發。兵不可過分用之，但也
不是絕對地不可用，關鍵是用得合適，用得得當。「勿猶豫」不僅於用兵有其
效，個人行事亦派上用場。二十二章「重爲輕根」，太祖注云：

> 持身之道如是，凡君子舉事，必先以身爲重，然後度所行之事，可
> 全身立名者，方乃施之，所以重、靜、輕、躁四字，乃云不欲胡爲
> 輕發，亦不許猶豫也。

帝王乃一國之君，自身治理得當，天下當然安定無事。故其行事必以自身爲重，
接著思量所欲行之事，於身有其用者，「方乃施之」。且以「重靜輕躁」四字戒
之，不僅不胡爲輕發，且不許猶豫。穩重過頭就變成猶豫，遇事猶豫自會壞事。
「不許猶豫」可謂太祖之眞知灼見。三十七章「大成若缺，其用不敝。大盈若
沖，其用不窮。大直若屈，大巧若拙，大辯若訥。躁勝寒，靜勝熱，清靜爲天

下正。」太祖注：「此云無他，大概喻君子守道行道，當審而果決勿躁，而勿豫也。」這一段表明了明太祖得天下後的施政大綱。一是要審而果決勿躁，而勿豫；果決勿躁，是堅定不移地執行自己的政策，不受他人的干擾。

（五）依四時而行

太祖還特別重視「時」之觀念，此處所指之「時」，乃天地運行之「四時」。五章「天地不仁」下，其注云：「若天地交合，以成四時，成則成矣。既成之後，再不調四時可乎？故天能成天地者以四時，所以能長久。」何以效法天地四時之行。六章其於「天長地久」下，注云：「天地不自生者，人本不知，天地自生不生，但見風雨霜露，益於世人，亙古至今不息，未見天有自生者，故設詞以訓後人。」太祖因其天地益於世人，且作用長久，是以效法之。四十三章「道生之」，於「故道生之，畜之，長之，成之，熟之，養之，覆之。」下，其注云：

> 其又云生之畜之長之育之成之熟之養覆之，此言天經地式，即四時交泰之理道焉。以其細名之，春生夏長，秋收冬藏是也。君當使臣庶樂其樂而有其有，長其長而不自主，設官以理之，此玄德焉。

太祖注解《老子》，並非研究哲學問題，而是要為他的統治尋找理論，故其解釋中充滿了相當多類似此種轉換。道對物的生、畜、形、成，明太祖理解成帝王對天下民眾的生、畜、形、成，當順四時交互循環之理道，即所言「春生夏長，秋收冬藏」之序，最後導出臣庶樂其樂而有其有，設置有司以管理之……諸如此類，均成了政治問題，而非哲學問題。

並以此推及帝王之行事方面。九章「載營魄抱一」，於「愛國治民」句下，太祖注：「君子之持身行事，國王治國以陳綱紀，豈無知而無為？在動以時而舉必善。」帝王行事不可無知無為，必適「時」而動且舉措必善。十五章「致虛極」，於「萬物並作」句下，太祖亦注云：「君子之學道也，體天道而行四時之常經，是故處心虛極，以守靜篤。……君子之守道行仁，猶四時而序之，則道矣。」六十章「民不畏威」下注云：「非理勿勞，動必以時」六十一章「勇於敢則殺，勇於不敢則活」下，太祖注曰：

> 當法天地，施大道，如四時之常經，居動以時，順其事而賞罰焉。……天不與萬物爭，天常健而不息，萬物順時而自安，四序之交，若赴召者，不期而然。

政治施行應取法天地，方能大道均行，好比四時常態之交替；國君施政亦需依時而行，順應政事發展之理給予適當處置。天不與萬物爭，萬物順從天時

的變化，自然生存死滅，彼此相安無事。做帝王者，從中吸取經驗，不敢輕侮天下萬物眾民，使他們都能自然地生存死滅，這是自然無爲之治。

然太祖政治理念之最後目的，六十六章「小國寡民」有其理想之呈現，其注曰：

> 言間有能治國者，絕奢去玩，務道恤民，天乃佑，四時序，風雨調，民遂耕營，倉廩實而衣被充，樂其樂而人善終，封疆雖無守而自堅，關鍵不閉而難入，雖有巨舟乘，力士千鈞，皆無所施，而無所陳。

太祖言此老子譬喻治國之道，由人或帝王的修養，進而爲天道保佑，再進而爲政治順遂，以達其理想之政治目的。

（六）親賢、重學

前章已談論太祖之親賢士，是爲了以其所長，輔助太祖於政治統治上取得優勢。《御注》於此，亦顯露出太祖於賢德之人尊重之意。七章「上善若水」，於「居善地」句下，太祖注：

> 人能訪有德之人，相爲成全德行，以善人多處則居之，其心善行廣矣。若與善人論信行，則政事無有不治者，故善治。既知治道之明，凡百諸事，皆善能爲造，及其動也，必合乎時宜。

太祖認爲善人即爲賢德之人。身爲帝王之尊，應與有德之人來往，使己之心性、行動俱能臻至善之境界。如此非但成善，更重要者，乃是爲了政事無有不治；政事治理完善，一切事務均能步上正軌，此乃太祖所盼望者也。

親賢之外，太祖亦重「學」。十七章「絕學無憂」太祖注文：「罄世務以充吾腹，所以絕學無憂，妙哉！嘗聞孔子無常師，蓋世人之學，未嘗能備其世事者。它士不過知世事之三五而已。惟世間之諸善，世之賢愚者，雖多少之不同，皆能有之。……又孔子無常師，以其博學也，博之既盡，其世事朗然矣。所以云四十而不惑，乃絕學無憂是也。……」太祖以「絕學」之「絕」爲罄盡之義，因「學」可於世間事務朗然觀照，故以「博學」自許也。十九章「曲則全」下，太祖於此補充前「絕學無憂」之意，其注云：

> 此教人持身行事勿過。學道修誠，以分眞僞，所以曲、枉、窪、敝、少喻勿太過，惟多則惑正，爲學者雖能廣覽，而不分眞僞，何如絕學也？眞僞不分，則僞有禍焉，僞累善焉，所以唯阿是也。故云相去幾何。

此處對前章之註文實加修正。聖智是通過學習再經過思考而得來。所以要絕

聖棄智，歸根結底，還要絕學。太祖理解老子所說的絕學，是像孔子那樣的絕學，即在博學和不惑之後的絕學。能夠朗然看透，也就不再需要學習，當然也就能夠無憂了。其云世人愚而不學，則知學可去愚，可見太祖並不反對學習；其既重學，故其下又注云：「「世人愚而不學，故設『唯』、『阿』之詞以戒之。相去幾何，言此二字即是應聲而已，於此應聲之間，不能分別是非，致人言惡，豈學者之所爲？」其言不能分別是非，則知明太祖不反對分辨是非。此均是與眾不同之解釋。

二、權謀思想之運用

（一）「權謀」思想之由來

老子之學，藉「道法自然」之命題，推廣出一套清靜無爲、順應自然之人生哲學，其終究關懷不外是爲消解人類社會之紛爭，以臻詳和安寧之境界。其思想中之重要觀念，如無爲、不爭、柔弱、謙退、虛無、清靜等俱源於此一理想。然五千文言簡意賅，終使人望文生義，造成曲解。此中最大之誤解爲視老子之學乃權謀詐術、消極厭世之思想。陳鼓應先生認爲，此種誤解之產生，即是學者於伯陽若干重要觀念產生「望文生義」，或「割離了它的脈絡意義」所導致；〔註2〕或不能掌握其「正言若反」之形式邏輯。〔註3〕這其中最大之誤解，即是此「權謀詐術」觀念之產生。

老子學說視爲權謀詐術者，首推韓非《喻老》。《喻老》解《老子》三十六章云：

> 越王入宦於吳，而觀之伐齊以弊吳，吳兵既勝齊人於艾陵，張之於江濟，強之於黃池，故可制於五湖，故曰：「將欲翕之，必固張之，將欲弱之，必固強之。」晉獻公將欲襲虞，遺之以璧馬；知伯將欲襲仇由，遺之以廣車，故曰：「將欲取之，必固與之。」

韓非以後，司馬遷於《史記·老莊申韓列傳》嘆曰：「老子深遠矣！」班固於《漢書·藝文志·諸子略》中言道：「此君人南面之術也。」後來之學者，以

〔註2〕 見陳鼓應：《老子今註今釋及評介·初版序》，台北：台灣商務，1997年，頁9～10。

〔註3〕 嚴靈峰先生說：「正言若反，可以說是老子所持有的一種邏輯。在一般的形式邏輯中，命題的公式是：『甲』是『甲』，或『甲』非『非甲』。而老子卻不然，他的公式是：『甲』是『非甲』。」見其《老子研讀須知》，台北：正中，民國81年，頁239。

宋儒誤解最深，尤以程朱與南宋諸儒爲甚。首先，吾人先看蘇轍之見解。子瞻於《老子解》書中云：「老子之學，重於無爲，輕於治天下，韓非得其所以輕天下之術，遂至殘忍刻薄。」

朱熹屢言老子如何如何，即是有見於老子思想中「術」之成分，嘗言：「關機巧便，盡天下之術數者，老氏之失也。」（《語類·卷一二六》）就朱夫子之體認而言，老子之術是「不好底術數」，其云：

> 老子之術，自有退後一著。事也不攖前去做，說也不曾說將出，但任你做得狠狠了，自家徐出以應之。如人當紛爭之際，自去僻靜處坐，任甚如何。彼之利害長短，一一都冷看破了，從旁下一著，定是的當。此固是不好底術數，然較之今者浮躁胡說亂道底人，彼又較勝。（《語類·卷一百二十》）

朱夫子又云「老子之術，謙沖儉嗇，全不肯役精神」、「老子之術，須自家占得十分穩便，方肯做；才有一毫於己不便，便不肯做」（見《朱子語類·卷一二五》、《卷一三七》）。就術本身而言，術非必是惡，老子所示固是「不好底術數」，卻猶勝於「浮躁說亂道底人」。知其於老子之術之誤解尚不深，反有較爲細膩之省思，亦給予老子思想些許肯定話語，其云：「今觀《老子》書，自有許多說話，人如何不愛。其學也要出來治天下，清虛無爲，所謂『因者君之綱』，事事只是因而爲之。如漢文帝、曹參，便是老氏之效，然又只用得老子皮膚，凡事只是包容因循將去。」老子皮毛之效即能得漢代文景之治，老氏全幅之效更將可觀也。

然二程之誤解可謂深矣。程顥嘗言：「老子之言，竊弄闔闢者也。」（《二程遺書·卷十一》）《全書·遺書·卷七》中曰：「與奪翕張，固有此理，老子說著便不是。」何以老子說著便不是？蓋「予奪翕張，理所有也。而老子之言，非也。與之之意，乃在乎取之；張之之意，乃在乎翕之。權詐之術也。」反復申言老子之學摻雜權詐之術；更於《遺書·卷十八》進一步指明老子爲權詐也，程頤曰：

> 問《老子》書若何，曰：「《老子》書，其言自不相入處如冰炭。其初欲談道之極玄妙處，後來卻入做權詐上去，如『將欲取之，必固與之』之類。然老子之後有申韓，看申韓與老子道甚懸絕，然其原因乃自老子來。蘇秦、張儀則更是取道。

南宋諸儒中，以胡宏、魏了翁、眞德秀與黃震等人爲代表。胡宏云：「老聃用其

道，計其成，而以不爭行之，是舞智尚術，求怙天下之權以自私也，其去天事遠矣！」〔註4〕眞德秀直指爲陰謀之言，其曰：「曰將欲翕之，必固張之；將欲奪之，必固與之，此陰謀之言也。」〔註5〕魏了翁亦稱老子爲詐，其云：「太史公以爲大要皆原於道德之意，老子之書有：『將欲翕之，必固張之；將欲弱之，必固強之；將欲廢之，必固興之。』及『欲上人者必以其言下之，欲先人者必以其身後之。』皆詐也，此所以一傳而爲非歟？」〔註6〕黃震則言：〔註7〕

> 老子之無爲，常欲自利，其藏於人者，已有陰術。莊子之寓言，破
> 壞尋常，其矢於口者，已無忌憚。以陰術之心，行肆無忌憚之說，
> 而處不得不以法繩之勢，慘刻不道，尚復何疑？

其於老子思想中權詐陰術之部份，作出了認定。胡宏爲南宋理學家，魏了翁、眞德秀、黃震俱爲朱夫子門人，其對於老子思想流於權謀詐術之處，持相同立場也。

太祖受程朱理學之影響，前章已論及，不再贅述。且太祖之注《老》，實非眞注解《老子》，乃欲從《老子》思想中爲其統治尋找理論基礎，其《御注》中無處不充斥轉化老子思想之跡；太祖於是把老子道家治術，轉化而爲帝王權謀詐術。余英時先生曾從反智論之立場，於此亦指出「權謀」概念，其云：「這種反智成份的具體表現便是權謀化，這一點在現存帝王注釋《老子》諸本中可以得到印證。」〔註8〕太祖《御注》正其中之一，「權謀」思想自易爲欲天下安定之太祖所重視。

（二）權謀治術之運用

1.「機」的概念

太祖既重權謀，《御注》中便不能不有所呈現。首先，即是「機」——由此所透露之概念爲何？十四章經文云：「古之善爲士者，微妙玄通，深不可識。夫唯不可識，故強爲之容。」，太祖注云：「君子所秉者，得天地至精之氣，乃神慧而不妄爲，使其動，則諸事有理焉。使其靜，則靈神於心，人莫知其

〔註4〕 胡宏：《知言・卷一》，四庫全書本。
〔註5〕 眞德秀：《大學衍義・卷十三》，四庫薈要本。
〔註6〕 魏了翁：《古今攷・卷三十八》，四庫本。
〔註7〕 黃震：《黃氏日抄・卷五十一》四庫本。
〔註8〕 余英時：〈唐、宋、明三帝老子注中之治術發微〉，收於《歷史與思想》，台北：聯經，1976年，頁77。

所爲如何？故深妙難通。……」緊接著於「豫兮若冬涉川，猶兮若畏四鄰，儼兮其若容，渙兮若冰之將釋，敦兮其若樸，曠兮其若谷，渾兮其若濁。」之句下，太祖注曰：

> 指前君子之人，懷仁堅志，人輕不可得知彼之機，故設七探之意，使欲知彼之機，尤甚難知，蓋欲使後人修道堅如是也。又以猶豫二獸，名於其中，又以整然之貌見之，加以怠慢之情合之，添淳淳然混之，亦聲勢以動之，侮以喧嘩窺之。凡如此者有七，終不得其眞情。是賢人君子之誠難動，其小人之心安能如是也。

余英時先生言：「此處所說的正是『君人南面之術』，即帝王如何用權謀術數來控馭臣下。……明太祖纔眞正窺見了此種『致遠』之境。臣下儘管設『七探』之機，而君上仍必須不動聲色。言也正是韓非所說的『術不欲見』，和『明君無爲於上，群臣悚懼乎下。』」〔註9〕柳存仁先生亦言：「然太祖實能得道實行之旨而亦非不肯言其機者。……自有談道家陰柔之術以來，未有如此處所言之豁朗者也。」〔註10〕從以上所引可得知，此「機」即爲權謀之代稱也。

　　但此權謀之「機」，並非容易了解。四十六章「善建者不拔」，太祖注曰：「若修身修家修鄉修天下，此五修備而天下安，則王乃吉，乘乾元之無休。復云五觀者，老子之教甚明，奈何意淺而機深，所以五觀者以取其驗，使治天下之君，務行其道焉。更言：『吾何以知天下之然哉？以此。』蓋謂必然道可行，天下可治故也。老子云：噫！爾見否知否？前五修者未嘗不應乎道，修此而得此，修彼而得彼是也。五觀者，大概不欲君天下者以身爲身，而國爲國是也。當以身爲國，以國爲身，終子孫不壞也，所以云天下之然哉以此。」

　　太祖亦體會到了老子之道雖明白淺顯，其「機」－即權謀－卻是深遠不易理解，故需經由「驗」之過程，即實際行動之表現，無非是要帝王務行其道而已。務行就是修，修此而得此，修道必然會得道，而且是帝王一人修之即可，不必全家皆修，全鄉皆修，全國皆修，全天下皆修，只有帝王一個修之於其身、其家、其鄉、其國、其天下即可以了。因爲他相信帝王應當「以身爲國，以國爲身」，國及天下與他的身，實際上是一回事，所以帝王一個修道成功，全天下就會安定太平了，與前文之說正相符合也。太祖於歷來最受

〔註9〕 同注4，頁79。

〔註10〕 柳存仁：〈道藏本三聖註道德經之得失〉，收於《和風堂文集》，上海：上海古籍，1991年，頁484。

誤解之一章，即其三十一章「將欲歙之，必固張之。將欲弱之，必固彊之。將欲廢之，必固興之。將欲奪之，必固與之。是謂微明。柔勝剛，弱勝彊。魚不可脫於淵，國之利器不可以示人。」下，僅注云：「柔淺而機秘，智者能之，絕註。」可知其於「機」之理解爲「權謀」，然卻亦知「機」之「秘」與「深」，實不易對其做出最正確之注解。

最後，十七章「乘乘兮若無所歸」句，太祖注：「以其忘機也。」此處所言「忘機」之「機」，似與前說相衝突。然若與此章之前後文相連貫，可知太祖理解老子的思想，並不認爲老子是要人愚昧無知，而是要人「忘機」，其注曰：「所以云：我豈愚人之心也哉？沌沌乎，昏濁之狀，以其忘機也。如昭昭察察，其常人之所爲，昏昏悶悶，乃守道之如是。」「忘機」就是不計較世間事務中的各種機巧，不計較事物的得失，以此來求心靈之灑脫與平靜，此是呈現於外之景況；於自身而言，太祖還是要求己之守道「昏昏悶悶」，仍無異於前「不可得而知」之另一說法也。

2. 效法「小兒無知」

有「機」存於中，其表現於外，太祖於此用《老子》所言有關「孩」、「嬰兒」、「赤子」等詞語，轉化而爲帝王國君行事之心「似小兒之無知」之狀態。太祖注四十一章「聖人無常心」，於「聖人之在天下，歙歙焉爲天下渾其心，百姓皆注其耳目，聖人皆孩之。」下言：

> 聖人之君天下，體此而教民，豈不法天者乎？即聖人無常心，以百姓心爲心是也。……又謂君天下者心志不定，慮生妄爲，則民人效之，人皆亦然。又注其耳目，注謂著其意耳。謂聽其美污之聲，目乃觀其善惡，所以聖人觀其所以，不欲身民如是，務秉之以道，常以心似乎小兒之無知，特守無爲之道，故天下安。

又於二十四章「知其白」於「知其雄」句下，太祖注：「大德既有，不可矜誇，復若小兒無知之貌。又非眞無知之貌，不過使心不妄爲耳。故小兒不能妄爲曰嬰兒。」太祖理解老子之道，偏於行用，此所言之道，乃爲「大德既有」之狀態。帝王持此道，把心胸放得無比寬宏，能容天下萬物，此種胸懷當然十分了得。同時要如嬰兒一般，表面無知無識，實際上什麼都要知道，只是不表示出來。洞悉一切之後，則明白什麼可行，什麼不可行，由此決定自己的行動，杜絕可能發生之錯誤。君天下者慮生妄爲，人民上行下效，國家就不易治理；最好之方式即是不妄爲，雖云不妄，仍要秉之以道而爲，其目的

在於如何使天下安寧和平，這正是明太祖最爲關心的事。四十七章「含德之厚，比於赤子」，太祖注釋之意亦同上述，其注曰：「含德之厚，即養德也。比於赤子者，言初生小兒無知，天性未曾開之，故老子以此爲首，發章之端。」此所言「含德之厚」之含德，應是上所言之「大德既有」之意。其言「初生小兒無知」，意與上述實無二致也。

3. 聖人體此而用之

太祖於此權謀之施用，仍不離其爲帝王之事實，以帝王爲出發點。前云太祖注四十一章，注曰：「聖人之君天下，體此而教民，豈不法天者乎？即聖人無常心，以百姓心爲心是也。」此說聖人之君天下，表明他把老子所說的聖人理解爲得天下的帝王，這種帝王又是效法老子之道的帝王；太祖自認爲自己就是這種帝王。

於二十三章「善行無轍跡，善言無瑕讁，善計不用籌策，善閉無關鍵而不可開，善結無繩約而不可解。」，太祖注云：「君子之道，行人不能知，以其無誇己之言。……吾心終日守之以理道，小人將欲窺每之，其來既非理道，安得不爲我所制？」；十四章「古之善爲士者」，太祖於此注云：「君子所秉者，得天地至精之氣……。使其靜，則靈神於心，人莫知其所爲如何？故深妙難通。」太祖認爲，道不是一般人所能了解的，因其自身「既非理道」，所以說君子之道，即指帝王之道，「行人不能知」、「人莫知其所爲如何」。行人即指一般人。又於三十五章「反者道之動」於「上德若谷，大白若辱，廣德若不足，又建德若偷，質直若渝。大方無隅，大器晚成，大音希聲，大象無形。」太祖注：「谷、辱、不足、偷、渝、無隅、晚成、希聲、無形數事，即前云『善行無轍跡』是也。」於前「善行無轍跡」之具體表現，有實際行動之說明。善於行動者，不會讓人看到轍跡，谷、辱、不足之類，都是無轍跡的具體說法；五十九章「知不知上」，太祖注曰：「君子所爲惟務無轍跡，果然，使人不知，乃上。」其意與上所言實同。帝王歷來需要神秘性，讓人神秘莫測，這是保持其權威性的最好工具。如何做得神秘，這就要善行無轍跡。

第三節　天命觀之開展

吾人細讀《御注》，便可發覺《御注》另有一特出之思想，值得注意，此即爲「天命觀」之開展。「天命」一詞，於《道德經》中並無見，然爲太祖所

注意且留心者，頗令人費解。爲解此難題，吾人需從太祖之學習經驗與環境背景等諸多因素，探討其中之原因。

一、太祖「天命觀」之由來

（一）繼承孔子之天命思想

太祖尊崇孔子，活動頻繁，備極隆盛，如頌孔子爲「百世帝王之師」，贊孔子學說可爲「萬世法」，承襲云代褒贈孔子爲「大成至聖文宣王」封號等，更重要者乃其思想與言行一切均以孔子學說爲規範；太祖之思想核心如其天命觀等，即源於孔子學說。尼山思想中有其天命思想之一面，所謂「君子有三畏：畏天命、畏大人、畏聖人之言。」而「畏天命」則被列在「三畏」之首；其次，《論語》最後一篇，假借堯舜禹傳授心法，談及天命歷數等問題，堯對舜曰：「天之歷數在爾躬，允執其中。四海困窮，天祿永終」。舜後來於禪讓帝位時，又把堯先前告訴他的此一段話原封不動地告訴了禹。同時還談到了商湯王用隆重的「玄牡」祭品祭天，「昭告於皇皇后帝」。〔註11〕除孔子外，《孟子》一書中有關天命論之言論比比皆是。〔註12〕然此些言論代表何意義？其一，君王之位是上天授與，其富貴榮華亦是上帝賜與的「天祿」。其二，上天將君位和「天祿」賜於人君是根據「歷數」。其三，「歷數」因何而定，則根據君德。人君若能戰戰兢兢，「允執其中」使四海太平幸福，則可以永保「天祿」；否則，若致「四海困窮」，便會「天祿永終」。此可以說是中國天命與歷數說之源頭。〔註13〕可知其天命觀與歷數說，其實是完全等同。

元代儒士亦放棄華夷之辨的觀念，將其視爲正統，然又以元末明初之儒士爲甚。如陶宗儀《南村輟耕錄》中則稱蒙古與元朝汗位、皇位之傳授爲「列聖授受正統」；〔註14〕葉子奇《草木子》亦稱元君爲「聖上」、「上」，稱元朝爲「國朝」。〔註15〕正因爲元末儒士持此一觀念，故當元末政治社會發劇變，明朝取代元後，仍抱狹隘忠節觀，雖身已爲明臣而內心則深懷愧咎，對元廷念念不忘。

〔註11〕見《論語・季氏》、《堯曰》二篇，十三經注疏本。
〔註12〕見《孟子.公孫丑篇》
〔註13〕黃冕堂：〈論朱元璋的天道觀〉，收於《北方論叢》，1994 年第 1 期，總 123期，頁 83。
〔註14〕《南村輟耕錄・卷三》
〔註15〕《草木子・談藪篇・卷之四上》

〔註16〕正因其不識民族大義，故於明朝取代元朝統治，唯歸於「天命」。然元末儒士以天命解釋王朝興替，乃是當時甚爲普遍之觀念。例陶宗儀解釋宋朝興亡時云：「宋之興，始於後周恭帝顯德七年，恭帝方八歲。及其亡也，終於少帝德祐元年，少帝時四歲，名顯；而顯德二字竟與得國時合。周以幼而失國，宋亦以主幼而失國；周有太后在上，宋亦有太后在上。始終興亡之數，昭然如此。」

〔註17〕葉子奇於《草木子・克謹篇》中羅列各種天象、自然界的變異現象，將其與元朝興亡有關諸事聯系起來，充滿天命論之意味。其云：

> 至正壬辰癸巳，浙江潮不波，其時彭和尚（瑩玉）以妖術爲亂，陷饒信杭徽等州。未幾克復，又爲張九四（士誠）所據，浙西不復再爲元有。昔宋末海潮不波而宋亡，亦天數之一終也。

元末明初儒士視元朝爲中國王朝政統相傳之正統，且以天命論來解釋元明朝代之更替，此一觀念不僅於儒士，太祖自亦不能免除在外。其打天下時重視儒士，極力網羅，當時儒士此種觀念之流傳，太祖焉能不受其影響耶？。

（二）環境背景之影響

一個出身寒微，處於社會最底層之農民，委身行伍時，無一兵一卒，從未曾想過要取天下。當時天下紛爭，群雄競起，大者爲王，小者稱霸，不久均歸於敗亡，惟有他一人獲得天下歸心，成了眾人之上的一國之尊，嘗與博士許存仁等曰：「吾昔微時，自謂終身田野間一農民耳；及遭兵亂，措身行伍，亦不過爲保身之計，不意今日成此大業。」〔註18〕面對如此突如其來的劇變，令太祖不知所措，只有歸之於人力不可干預之天命。早於元至正十四年時，太祖還僅是郭子興部下一員部將時，便萌發向上請命要權之念頭。當時四方割據，稱雄者眾，戰爭無虛日；又旱煌相仍，人民饑饉，死者相枕藉，太祖心甚憂之，乃禱於天，曰：「今天下紛紛，群雄並爭，迭相勝負，生民皇皇，墜於塗炭。……願天早降大命，以靖禍亂。苟元祚未終，則群雄宜早息，某亦處群雄中，請自某始；若元祚已終，群雄之中，當膺天命者，大命早歸之。」〔註19〕此乃太祖天命論中最早之紀錄。在行伍中與存仁講論經史，於《尚書・洪範》篇至休徵咎徵之應，太祖曰：

〔註16〕錢穆：《中國學術思想史論叢》
〔註17〕《南村輟耕錄・卷一・宋興亡》
〔註18〕《實錄・卷二十》
〔註19〕《實錄・卷一》

　　天道微妙難知，人事感通易見，天人一理，必以類應。往昔君能修
　　德則七政順度，雨暘應期，災害不生；不能修德，則三辰失行，旱
　　潦不時，乖異迭見。……以爲人君者之徼戒。今宜體此，下修人事，
　　上合天道，然豈特爲人上者當勉，爲人臣者亦當修省，以輔其君；
　　上下交修，斯爲格天之本。〔註20〕

李善長等人勸太祖即帝位，並未答應。善長等力請曰：「殿下（太祖）起濠
梁，不階尺土，遂成大業。四方群雄削滅殆盡，遠近之人莫不歸心，誠見天
命所，願早正位號，以慰臣民之望。」上曰：「我思功未覆於天下，德未孚
於人心，一統之勢未成。……自古帝王之有天下，知天命之己歸，察人心之
無外，猶且謙讓未遑，以俟有德。……若天命在我，固自有時，無庸汲汲也。」
〔註21〕太祖自認爲是天命在身，於此不無躊躇滿志之意。以上皆未稱帝之前
事也。

　　稱帝後，太祖於洪武元年登基時，於詔書中詔告天下曰：

　　朕惟中國之君，自宋運既終，天命眞人起於沙漠，入中國爲天下主，
　　傳及子孫，百有餘年，今運亦終。……朕本淮右庶民，荷上天眷顧，
　　祖宗之靈，遂乘逐鹿之秋，致英賢於左右。

又於大宴群臣時，諭之曰：「朕本布衣，以有天下，實由天命。」〔註22〕此
後，太祖反覆闡明此一觀點。洪武三年，詔告天下曰：「曩者，元君失馭，
海內鼎沸，生民塗炭。予起布衣，承天上天后土之命，百神陰佑，削平暴亂，
正位稱尊，職當奉天地享鬼神。」雖說是「元君失馭」，卻又給予元朝之統
治以正統地位。其曰：「元雖夷狄入主中國，百年之內，生齒浩繁，家給人
足。朕之祖、父，亦預享其太平，雖古有獻俘之禮，不忍加之。」明確表明
元朝之正統地位。既是正統，奪取元朝之天下即爲大逆不道。然太祖卻巧妙
賦予其正當性，其云：「當元之季，君安於上，跋扈於下，國用不經，征歛
日促，水旱災荒，頻年不絕……當是時，天下已非元氏有矣。……朕取天
下於群雄之手，不在元氏之手。……天命如此，其可畏哉！」非但賦予其取
得天下之正統性的最好理由，太祖之天命觀亦成爲其思想之核心。

〔註20〕《實錄‧卷二十一》
〔註21〕《實錄‧卷二十四》
〔註22〕以上均見《實錄‧卷二十九》

二、「天命觀」於御注之開展

太祖之「天命觀」之來由已如上所述，其於《御注》中之開展，亦不離其「天命所歸」之概念。二十五章「將欲取天下而爲之，吾見其不得已。天下神器也，不可爲也。爲者敗之，執者失之。」太祖注：

> 此老子自嘆之辭，朕於斯經乃知老子大道焉。老子云：吾將取天下而將行，又且不行，云何？蓋天下國家，神器也。神器者何？上天后土，主之者國家也。所以不敢取，乃曰我見謀人之國，未嘗不敗，然此見主者尚有敗者，所以天命也。老子云：若吾爲之，惟天命歸而不得已，吾方爲之。

天命一節，原文文字中無由得見，然亦太祖不厭其煩、一再言之者。太祖解釋爲：若吾爲之，惟天命歸而不得已，吾方爲之。因此時太祖認爲自己奪取天下，就是天命所歸而不得已之行動。若無天命在身，取天下則必敗無疑。又於「凡物或行或隨」句下，太祖注：「載墮之比，蓋以有載將有不載，有墮必又將與，故所以戒人，甚勿違天命而妄爲，是去甚奢泰之云耳。」事情總是有一利必有一弊，有一弊必有一利，常相反而相成，並非絕對地偏向一端。事物的這種現象，可稱爲天命，即其天然的規律。人則要明白這一點，順從這種規律，若不順從這種規律，就是妄爲。

太祖反覆言其實乃天命所歸，若無此天命在身，則流於失敗。五十二章「大國者下流」，於「故大國以下小國，則取小國。小國以下大國，則取大國。或下以取，或下而取。大國不過欲兼畜人，小國不過欲入事人」，太祖注：「若大國失此道而他求，或欲取其國，則大國亦將不保焉，此謂大國生事於小國，欲兼併其地是也。若小國能守臣分，朝貢以時，務其理則永保，分茅胙土於一方，則常親大國矣。不然忽起貪心，欲有大國，則小國亡爲。經云我見謀人之國必敗，執者失之，而況加兵者乎？吾見其不得已而爲之，老子之云不過，豈非天命，可乎？」大國生事於小國，即欲兼併其地；然必需在「天命」之前提下，才能成功。又於五十四章「爲無爲」，於「爲者敗之，執者失之」句下，太祖注曰：

> 又老子居周將末，見諸侯互吞，不有王命，數有爲者數敗之。又見執大位者又失之，故設此以諭世之不道者，使君子堅守其志，勿非天命而妄自爲高也。

太祖認爲，老子之意乃勸喻世之不道之人，切勿輕易懷有稱帝之野心，尚須

視己是否天命在身？若於此點俱未弄明白，妄想稱帝稱王，那才是妄自爲大，而且必然失敗。太祖出身微賤，而在十幾年內，一舉稱帝，實爲天命所在，並非自己高明所致。於四十三章「道生之」，於「故道生之，畜之，長之，成之，熟之，養之，覆之。」下，太祖注云：「此生、畜、形、成四字，謂能君天下者多能保此四字，是謂善撫乾元之運。前四字所該者何？無他，生之者，萬物也。畜者，既能生萬物，又能養萬物，是謂畜。既畜之，分品類之，使各遂其生，乃形其貌，或不全者，因其勢而就體以成之。萬物既蒙恩之後，莫不欣哉。物既樂乎天命，則乾元之運爲我所乘，則及國祚永昌，若如此者，豈不貴德邪？」又於三十六章「名與身孰親」下，太祖注：「且國之大職，王之下冢宰之官極位，若非天命，棄其此而愛王位，可乎？六卿非君命而讒居相位，可乎？以次序校之，諸職事皆然。……君子之親，日親於道，多多於道，……君子守有命之名，藏合得之物，是謂知足不辱，知止不危，可以長久，云永不壞也。」太祖於此又顯露出其「爲我所乘」之君臨天下之意。萬物既受天命之安排，帝王順此之勢以治理，國家之長治久安實指日可待矣。

小 結

以上爲太祖《御注》之核心思想。不論由權謀或天命之概念出發，均可發現共通之特點：帝王乃施用權謀與天命觀念開展之唯一主角。然政治現況之反應與體認，仍爲太祖一再重申與重視。引出「天命」強調自乃天命所歸，聖人觀之提出實爲其帝王意識之展現，而治理國家所需之統治治術，則爲其權謀思想所涵蓋。太祖對於如何維持政治現狀之主張，帝王之行爲舉措，權謀治術之施用，正有其承襲與自己之見解於其中也。

第六章 《御製道德眞經》中所反映之實際現況

　　由以上可知，太祖《御注》並非爲《老子》做詮解，乃爲己之統治找尋其理論基礎，實以《老子》爲之己之注腳；且太祖現實意識強烈，其於《御注》中所呈現之崇實思想，或其反應之景況，亦可能爲太祖實際政治、社會、經濟……等等各方面之投射。此其中之關連性，頗值得吾人作一對比研究，此章則就明初太祖立國時之各項施政，是否能於其中找出關連性，進而了解其中之大概。

第一節　政治與自身修養方面

一、居安慮危

　　首先，吾人談到太祖居安慮危之思想。《御注》中相當程度地反應「有備無患」之精神，此正爲太祖「居安慮危」之表現之一。然此「居安慮危」從何而來，實由其「憂患意識」所導致，此不得不從太祖起兵時論起。在元末眾多割據勢力中，太祖當時爲起義較晚之一支，初時勢力亦較弱；當其取代郭子興成爲割據勢力之一旅，地狹糧少、孤軍獨守，兵力、地盤不及陳友諒、張士誠，政治威望與影響亦不如小明王、劉福通，處境十分不利，稍有不愼，即有被元軍或其他勢力取代之危機。此一境遇，迫使當時之太祖不能不處處小心謹愼，以防不測。後來，他用心經營，運籌帷握，成功運用種種戰略策略，總算渡過

重重暗礁險灘，掃平群雄，推翻元朝，創建大明帝國。這種艱難曲折之經歷，使太祖之內心逐萌生一種「憂患意識」，先憂心自己之起義是否會遭到失敗；最後奪取天下，更時刻擔心它會得而復失，正如自己曾經描述：「自古帝王以天下為憂者，唯創業之君、中興之主及守成賢君能之，其尋常之君，不以天下為憂，反以天下為樂，國亡自此而始。……其得之也難，故其憂之也深。」〔註1〕

太祖「居安慮危」思想，即由此種憂患意識而來。正是此種思想，促使其於元朝與陳友諒、張士誠等割據勢力進行抗爭之同時，即認真總結其敗亡與歷代王朝與之經驗教訓，並引以為鑒。據太祖自己所云：

> 古之賢君常憂治世，而古之賢臣亦憂治君；然賢臣之憂治君者君常安，而明主之憂治世者世常治。今土宇日廣，斯民日蕃，而予心未嘗一日忘其憂，何也？誠以久困之民，未盡蘇息，撫綏之方，未得盡宜，卿等能同予之憂乎？能同予憂，庶幾格天心而和氣可致矣。若徒竊位苟祿，於生民之利病謾不加省，卒之禍敗隨至，不可得而救矣，可不懼哉！〔註2〕

其又言：「……與諸將渡江，駐兵太平，深思愛民安天下之道，……夜不安寢，枕憂於心。……堯舜聖人處無為之世，尚猶憂之，矧德匪唐虞，治非雍熙。天下之民，方脫於創殘，其得無憂乎？」，〔註3〕還未稱帝之前，即憂心如此；洪武元年正月，於登基即位後，太祖謂侍臣曰：「朕念創業之艱難，日不暇食，夜不安寢。……不知創業之初，其功實難，守成之後，其事尤難。朕安敢懷宴安而忘艱難哉？」〔註4〕

太祖於其在位三十一年中，不時教育其下大臣：「自古帝王，居安慮危，處治思亂。今天下初定，豈可遽以為安而忘警戒？」〔註5〕又言道：「安生於危，危生於安；安而不慮則能致危，危而克慮則能致安。安危治亂，在於能謹與否耳？」〔註6〕其反復指出，安危治亂是可以互相轉化的，導致此種轉代之關鍵，取決於掌權者是否能居安思危，謹慎行事。其云：「凡事必預備，然得有濟；先時浚疏，臨旱免憂。已涸而汲，沃焦弗及。汝等當閒暇之日，宜

〔註1〕　《實錄・卷四十五》
〔註2〕　《實錄・卷二十四》
〔註3〕　《實錄・卷二十九》
〔註4〕　同注上。
〔註5〕　《實錄・卷四十》
〔註6〕　《實錄・卷一二七》

練習武藝，不可謂無事，便可宴安也。夫溺於宴安者，必至於危亡；安而慮
危者，乃可以常安。」〔註7〕於任何可能產生的隱憂，唯有事先採取預防措施，
始能消滅於未形之時，否則臨時應付，則措手不及，釀成大禍。故太祖曰：

> 人當無所不謹。事雖微而必慮，行雖小而必防；不慮於微，終貽大
> 患，不防於小，終虧大德。

要想求得國家長治久安，就必得居安慮危，處治思亂，謹愼小心，勿生懈怠。
故由以上論述可知，太祖「有備無患」、「居安思危」等等思想，非於其《御
注》中有所呈現，亦從其現實生活中得到印證。

二、儉　樸

　　前文提到《御注》中有相當多帝王個人應儉樸之注文，而在現實生活中，
太祖亦是一位清約勤儉、且身體力行之帝王。於元至正二十四年時，江西行
省官以陳友諒鏤金床進，太祖謂侍臣曰：「此與孟昶七寶溺器何異？以一床工
巧若，此其餘可知。陳氏父子窮奢極靡，焉得不亡，即命毀之。……曰：既
富豈可驕乎？既貴豈可侈乎？有驕侈之心，雖富貴豈能保乎？處富貴者正當
抑奢侈、弘儉約、以厭眾心，猶恐不足以慰民望，況窮天下之技以為一己之
奉乎？其致亡也宜矣。然此亦足示戒，覆車之轍，不可蹈也。」又至正二十
六年，太祖令構建王宮廟社，典營繕者以宮室圖進，見其有雕琢奇麗者，全
部去之，謂曰：「宮室但取其完固而已，何必過為雕斲。昔堯之時，茅茨土階，
采椽不斲，可謂極陋矣，然千古之上盛德者，必以堯為首。後世競為奢侈，
極宮室苑囿之娛，窮輿馬珠玉之玩，欲心一縱，卒不可遏，亂由是起。夫上
能崇節儉，則下無奢靡。吾嘗謂珠玉非寶，節儉是寶，有所締構，一以樸素，
何必極雕巧以殫天下之力也。」〔註8〕稱帝後，亦奉行節儉原則不悖。洪武十
年九月，太祖謂侍臣曰：「……朕自即位以來，常以勤勵自勉，未旦即臨朝，
晡時而後還宮，夜臥不能安席，披衣而起，或仰觀天象，見一星失次，即為
憂惕。或度量民事，有當速行者，即次第筆記，待旦發遣。……朕言及此者，
恐群臣以無事，便欲逸樂，股肱既惰，元首叢脞，民何所賴。」同年十一月，
大內宮殿新成，制度不侈，甚喜，因謂侍臣曰：「人主嗜好，所繫甚重，躬行
節儉，足以養性；崇尚侈靡，必至喪德。……凡有興作，必量度再三，不獲

〔註7〕同注6。
〔註8〕以上引文俱見《實錄》卷十四、二一。

已而後爲之，爲之未嘗過度。……實恐暴殄天物，剝傷民財，不敢不謹。……節儉二字，非徒治天下當守，治家者亦宜守之。須體朕懷，共崇節儉，庶幾無侮。」〔註9〕洪武十六年，又謂侍臣曰：

> 自古王者之興，未有不由於勤儉，其有敗亡，未有不由於奢侈。前代得失，可爲明鑒。後世昏庸之主縱欲敗度，不知警戒，卒瀕於危亡，此可嘆矣。大抵處心清淨則無欲，無欲則無奢縱之患，欲心一生，則驕奢淫佚，無所不至，不旋踵而敗亡隨之矣，朕每思念至此，未嘗不惕然於心，故必身先節儉，以訓天下。

以上可見太祖於「勤儉清約」、「節儉治國」之重視；且引文多次談及「縱欲敗度」、「無奢靡」、「戒嗜欲」等等，亦與注文中強調「勿縱欲」之旨實相符合也。

第二節　藏富於民

太祖於《御注》第三章「不尚賢」，於「虛其心，實其腹」下，注曰：「使民富乃實腹也，民富則國之大本固矣。」十一章「五色令人目盲」下，其注曰：「腹喻民也。所以實其腹者，五色、五音、五味、田獵貨財，皆欲使民有而樂之。」此以「爲腹」爲「實其腹」。前云「使民富」，此言「使民有樂之」，思想正一致也，均爲「使民富乃實其腹」之意也。太祖於此表現出其「藏富於民」之「富民」主張，且亦於實際生活多所施行。且此與前「居安慮危」實相關連，前所「慮」、所「憂」者爲國，然「憂國」與「憂民」乃一體也，太祖強調：「凡爲治以安民爲本，民安則國安矣。」〔註10〕然民之所以不安，主要則是衣食不能足給，再加上統治者之壓迫與榨取，造成百姓貧困之緣故。因此，要謀求國家長治久安，還需「藏富於民」，使其發展生產，減輕賦稅，衣食無缺，是以太祖云：「大抵百姓足而後國富，百姓逸而後國安，未有民困而國獨富安者。」〔註11〕

基於此一主張，太祖乃大力發展農業生產，其認爲、「食惟民之天，民乃邦之本」、「嘗聞國以民爲本，民以食爲天，此有國家者所以厚民生而重民命也。」〔註12〕又言：「爲國之道，以足食爲本。……若使之不得盡力田畝，

〔註9〕　引文俱見《實錄》卷一一四、一一五。
〔註10〕　《實錄·卷一一三》
〔註11〕　《實錄·卷二五〇》
〔註12〕　〈免兩浙秋糧詔〉、〈免應天太平鎭江寧國廣德五府秋糧詔〉，收於錢伯城、魏

則國家資用，何所賴焉。……宜令有司，勸民農事。」、「足衣食者在於勸農桑」〔註13〕「農桑，衣食之本」；〔註14〕又於建國前一年，太祖領世子從行，「遍歷農家，觀其居處飲食、器用」，謂之曰：

> 汝知農之勞乎？夫農勤四體，務五穀，身不離畎畝，手不釋耒耜，
> 終歲勤動，不得休息。其所居不過茅茨草榻，所服不過練裳布衣，
> 所飲食不過菜羹糲飯，而國家經費皆其所出。〔註15〕

洪武二年，太祖又徒步田畝，行走一段路程後，大為感慨，其云：「農為國本，百需皆其所出，彼辛勤若是，為之司牧者亦閔念之乎！」〔註16〕其於農業之重視，可見於一斑。

同時針對當時「天下初定，百姓財力俱困，譬猶初飛之鳥，不可拔其羽，新值之木，不可搖其根」〔註17〕之景況，實行休養生息，採取一系列如移民墾荒、興修水利、輕徭薄賦與提倡種桑植棉等等措施。今簡述如下：

一、移民墾荒

經過元末長期戰亂之後，全國各地特別是中原地區土地荒蕪，人口減少。據顧炎武《日知錄・開墾荒地》記載：「山東、河南，多是無人之地」；河北州縣也因「兵革連年，道路皆塞，人煙斷絕」。〔註18〕基於此一情況，據《明史・食貨一》，太祖採用移徙方式，「嘗徙蘇、松、嘉、湖、杭民之無者四千餘，戶，往耕臨濠，給牛、種、車、糧，以資遣之，三年不征其稅。徐達平沙漠，徙北平山後民三萬五千八百餘戶，散處諸府衛，籍為軍者給衣糧，民給田。又以沙漠遺民三萬二千八餘戶屯田北平，置屯二百五十四，開地千三百四十三頃。復徙江南民十四萬於鳳陽。戶部侍郎劉九皋言：『古狹鄉之民，聽遷之寬鄉，欲地無遺利，人無失業也。』太祖採其議，遷山西澤、潞民於河北。後屢徙浙西乃山西民於滁、和、北平、山東、河南。又徙直隸、浙江民二萬戶於京師，充倉腳夫。太祖時徙民最多，間有以罪徙者。」

同賢、馬樟根主編：《全明文》（第一冊），上海：上海古籍，1992年，頁7。
〔註13〕《實錄》卷十九、卷二六
〔註14〕同注11，〈農桑學校詔〉，頁2。
〔註15〕《實錄・卷二七》
〔註16〕《實錄・卷四二》
〔註17〕《實錄・卷二九》
〔註18〕同注4。

　　然移徙民眾之措施，自然與屯田墾荒政策是密切相關。據《明史・食貨一》之記載：「太祖初，立民兵萬戶府，寓兵於農，其法最善。又令諸將屯兵龍江諸處，惟康茂才績最，乃下令褒之，因以申飭將士。洪武三年，中書省請稅太原、朔州屯卒，命勿徵。明年，中書省言：『河南、山東、北平、陝西、山西及直隸淮安諸府屯田，凡官給牛種者十稅五，自備者十稅三。』詔且勿徵，三年後畝收租一斗。六年，太僕丞梁埜僊帖木爾言：『寧夏境內及四川西南至船城，東北至塔灘，相去八百里，土膏沃，宜招集流亡屯田。』從之。是時，遣鄧愈、湯和諸將屯西、彰德、汝寧；北平、永平，徙山西眞定民屯鳳陽。……」

　　移民屯田墾荒政策，在一定程度上解決了長期戰亂後的勞動力問題，人口與土地的比例漸趨平衡，從而促進農業生產到較快的恢復。更爲重要的，使得大量無田或少田的農民得到了耕種土地的權力，從而迅速地推動了不少小農經濟的復甦。〔註19〕

二、興修水利

　　水利是農業生產的命脈，是以太祖十分重視。建國初年，「詔所在有司，民以水利條上者，即陳奏。」於洪武二十七年時，「乃分遣國子生及人材，遍詣天下，督修水利。」而據《明史・河渠六・直省水利》記載，於洪武朝之重要水利工程有如下：「洪武元年修和州銅城堰閘，周迴二百餘里。四年修興安靈渠，爲陡渠者三十六。渠水發海陽山，秦時鑿，漑田萬頃。……六年發松江、嘉興民夫二萬開上海胡家港，自海口至漕涇千二百餘丈，以通海船。……八年開登州蓬萊閣河。命耿炳文濬涇陽洪渠堰，漑涇陽、三原、醴泉、高陵、臨潼田二百餘里。九年修彭州都江堰。十二年，李文忠言：『陝西病鹹鹵，請穿渠城中，遙引龍首渠東注。』從其請。……十九年築長樂海堤。〔註20〕二十三年修崇明、海門決堤二萬三千九百餘丈，役夫二十五萬人。四川永寧宣慰使言：『所轄水道百九十灘，江門大灘八十二，皆被石塞。』詔景川侯曹震往疏之。二十四年修臨海橫山嶺水閘，寧海、奉化海堤四千三百餘丈。築上虞海堤四千丈，改建石閘。濬定海、鄞二縣東錢湖，灌田數萬頃。二十五年鑿溧陽銀墅東壩河道，……

〔註19〕楊國楨、陳支平：《明史新編》，台北：昭明，1999年，頁97。

〔註20〕《實錄・卷一七八》於此亦有記載：「長樂之田，瀕海者半，其堤久壞，田稼歲爲潮鹵所傷。……仍舊築之，……長樂田無斥鹵之患，而歲獲其利。」

役年三十五萬九千餘人。二十七年濬山陽支家河。……二十九年修築河南洛堤，復興安靈渠。……請濬深廣，通官舟以餉軍。」

《實錄‧卷二三四》亦記載，至洪武二十八年，

> 是歲開天下郡縣塘堰凡四萬九百八十七處，河四千一百六十二處，
> 陂渠堤岸五千四十八處。

由此可知，明朝水利建設相當完備，大小各項工程均有，且遍及全國各地，包括廣西、寧夏等邊遠地區。

三、輕徭薄賦

關於賦稅情形，早於太祖為吳王時，就注意均平賦稅，以減輕農民的負擔。據《明史‧食貨二》記載：「賦稅十取一，役法計田出夫。縣上、中、下三等，以賦十萬、六萬、三萬石下為差；府三等，以賦二十萬上下、十萬石下為差。」要均平賦稅，前提是必需掌握戶口與田地，然「兵革之餘，郡縣版籍多亡，田賦之制，不能無增損，征歛失中，則百姓咨怨。」職是之故，洪武初年，遣周鑄等百六十四人，往浙西「覈實田畝，定其賦稅」，〔註21〕編黃冊和魚鱗圖冊，黃冊與魚鱗圖冊之分別，在於：

> ……黃冊，以戶為主，詳具舊管、新收、開除、實在之數為四柱式。
> 而魚鱗圖冊以土田為主，諸原阪、墳衍、下隰、沃瘠、沙鹵之別畢
> 具。魚鱗冊為經，土田之訟質焉；黃冊為緯，賦役之法定焉。〔註22〕

基本上掌握全國戶口和耕地，賦役徵收管理制度更趨完善。在賦收方面，基本上承襲唐以來之兩稅法，「自楊炎作兩稅法，簡而易行，歷代相沿，至明不改」，分為夏稅與秋糧兩次交納，「夏稅無過八月，秋糧無過明年二月」；洪武時，「夏稅曰米麥、曰錢鈔、曰絹。秋糧曰米、曰錢鈔、曰絹」，「大約以米麥為主，而絲絹與鈔次之」又允許天稅糧根據各地實際情況，「令民以銀、鈔、錢、絹代輸」，用米麥交納者稱「本色」，而諸折納稅糧者，謂之「折色」。〔註23〕此為賦的部份。

關於役的方面，則有「均工夫」之役，《實錄‧卷三十》云：「上以立國之初經營興作，必資民力，恐役及貧民，命中書省驗田出夫。於是省臣奏議，田

〔註21〕同注4。
〔註22〕《明史‧食貨志‧一》
〔註23〕以上引文俱見《明史‧食貨志‧二》

一頃出丁夫一人，不及頃者以他田足之，名曰均工夫。直隸、應天等十八府州及江西饒州、九江、南康三府三十五萬七千二百六十九，頃出夫如田之數，遇有興作，於農隙用之。」洪武三年，又規定：「赴京供役，歲率三十日遣歸，田多丁少者，以佃人充夫，而田主出米一石資其用，非佃人而計畝出夫者，其資費則每田一畝出米二升五合，百畝出米二石五斗。」洪武八年，再申此令，「名曰均工夫役，民咸便之。」「均工夫」是明初爲興建國都需要向地方徵調之傜役，主要用於修城垣、浚河道、蓋宮殿等「經營興作」。〔註24〕此可見太祖均平賦役，適當照顧貧民，無地、少地之貧苦農民的賦役，較之田多丁少之地主有顯著減輕。且太祖諭曰：「民力有限而役無窮，當思節其力，毋重困之。民力勞困，豈能獨安？……浮泛之役，宜能罷之。」太祖之用心，於此可見。

四、提倡種桑植棉

太祖乃出身貧苦農家，深知農村副業與經濟作物之栽植，有助於農材經濟之改善。早於太祖稱帝時，其下令「凡農民田五畝玉十畝者，栽桑、麻、木棉各半畝，十畝以上者倍之，其田多者率以是爲差，有司親臨督勸，惰不如令者有罰；不種桑使出絹一疋，不種麻及木棉，使出麻布、棉布各一疋。」〔註25〕洪武元年，太祖又將此一法令推廣到全國，並制定一系列勵棉花等經濟作物種植的獎罰措施，規定凡種桑麻者，「四年始徵其稅，不種桑者輸絹，不種麻者輸布」。〔註26〕洪武二十七年，諭工部督勸全國百姓「種植桑棗，且授以種植之法，令益種棉花，率蠲其稅」；〔註27〕二十八年又下令：

> 方今天下太平，軍國之需，皆已足用。其山東、河南民人田地桑棗，
> 除已入額徵科，自二十六年以後栽種桑棘果樹，與二十七年以後新
> 墾田地，不論多少，俱不起科。

此一政策之推動，使明初經濟作物之種植有明顯增加。據《實錄·卷二四三》之記載，僅湖廣布政使司所屬郡縣，就栽過桑、棗、柿、栗、胡桃等樹凡八千四百三十九萬株，以全國十三個布政使司來計，當有十億株以上。

以上這些措施之推行，使農業產量與國家收入有大幅度增加。洪武十四

〔註24〕同注16，頁106。
〔註25〕《實錄·卷十七》
〔註26〕《明史·楊思義傳》
〔註27〕《實錄·卷二三二》

年，歲徵麥、米、豆、穀二千六百一十萬五千二百五十一石，洪武十八年，歲徵天下田租二千八百八十八萬九千六百一十七石，至洪武二十四年，歲徵米麥豆粟三千二百二十七萬八千九百八十三石，洪武二十六年更增加至三千二百七十八萬九千八百餘石。〔註28〕太祖之藏富於民之政策，獲得眞正成功。

第三節 教育方面

一、廣設學校

基於早年讀書不多，加以明朝新建之初，需要大量人才，故太祖在歷代帝王中，是比較重視教育。太祖認爲：「治天下以人才爲本，人才以教導爲先」。〔註29〕然早於稱吳王之前，即至正二十五年，「置國子學，以故集慶路學爲之。設博士、助教、學正、學錄、典樂、典書、典膳等官，以許存仁爲博士。」〔註30〕吳元年時，設文武二科取士之令，「使有司勸論民間秀士及智勇之人，以時勉學，俟開舉之歲，充貢京師。」〔註31〕又據《明史·選舉志·一》記載，「學校有二：曰國學，曰府、州、縣學。」國學即國子學；洪武元年，「令眾官子弟及民俊秀通文義者，並充學生。」〔註32〕洪武十五年，改國子學爲國子監。京師設國子監，郡縣之學則設全國各地。早於太祖克婺州時，乃「命宗顯開郡學。」〔註33〕洪武二年，太祖諭中書省臣曰：

> 學校之教，至元其弊極矣。上下之間，波頹風靡，學校雖設，名存實亡。兵變以來，人習戰爭，惟知干戈，莫識俎豆。朕惟治國以教化爲先，教化以學爲本。京師雖有太學，而天下學校未興。宜令郡縣皆立學校，延師儒，授生徒，講論聖道，使人日漸月化，以復先王之舊。

於是大建學校，於府設教授，州設學正，縣設教諭，各一。〔註34〕明初北方郡學由於長期戰亂，和其他地區相比，處於落後之地，太祖即諭曰：「致治在於善俗，善俗本乎教化，教化行，雖閭閻可使爲君子；教化廢，雖中材或墜

〔註28〕以上引文俱見《實錄》卷一四〇、一七六、二一四、二三〇。
〔註29〕《實錄·卷四三》
〔註30〕同注22。
〔註31〕《明史·選舉志·二》
〔註32〕《實錄·卷一四三》
〔註33〕見清·夏燮：《明通鑑·前編卷一》，台北：世界，民國67年。
〔註34〕《明史·選舉志·一》

於小人。近北方喪亂之餘，人鮮知學，欲求多聞之士，甚不易得。今太學諸生，年長德優者，卿宜選取，俾之分教北方，庶使人知務學，人材可興。」於是「選國子生林伯雲等三百六十六人，給廩食，賜衣服而遣之」。〔註35〕又有宗學、社學、武學之設，〔註36〕今以社學－即鄉村小學－爲例。洪武八年正月，命天下立社學，諭曰：「昔成周之世，家有塾，黨有庠，故民無不知學，是以教化行而風俗美。今京師及郡縣皆有學，而鄉社之民，未睹教化；宜令有司更置社學，延師儒，以教民間子弟，庶可導民善俗也。」〔註37〕除此之外，亦重視邊疆地區之學校教育。洪武十七年，太祖諭禮部於遼東設學，或以爲邊疆不必建學，太祖曰：

> 夫聖人之教猶天也，天有風雨霜露，無所不施，聖人之教亦無往不行。昔箕子居朝鮮，施八條之約，故男遵禮義，女尚貞信。管寧居遼東，講詩書，陳俎豆，飾威儀，明禮讓，而民化其德。曾謂邊境之民不可以教乎！況武臣子弟，久居邊塞，鮮聞禮教，恐漸移其性。今使之誦詩書，習禮儀，非但造就其才，他日亦可資用。〔註38〕

無怪乎《明史·選舉志·一》有言：「蓋無地而不設之學，無人而不納之教。庠聲序音，重規疊矩，無間於下邑荒徼，山陬海涯。此明代學校之盛，唐、宋以來所不及也。」其說或有些誇大，然明代學校教育超越前代，當是事實，其基礎乃於太祖時期所奠定也。

二、重識諸子與功臣子弟之教育

除了廣設學校外，太祖亦重視諸子與功臣子弟之教育。職是之故，當天下平定，朱明王朝鞏固與諸子成年之後，如何教育諸子，使其於知識、德行和實際工作上成爲王朝合格之繼承人與牢固支柱，是重要且迫切者。〔註39〕太祖清楚明白身爲「天子之子」之責任重大，故曾對太子朱標言，其云：「天子之子與公卿士庶人之子不同，公卿士庶人之子係一家之盛衰，天子之子係天下之安危。爾承主器之重，將有天下之責也。公卿士庶人不能修身齊家，

〔註35〕同注32，卷五
〔註36〕同注30。
〔註37〕《實錄·卷九六》
〔註38〕《實錄·卷一六八》
〔註39〕范沛濰：〈朱元璋對諸子的教育和培養〉，收於《史學月刊》，總218，1995年，第六期，頁37。

取敗止於一身一家，若天子不能正身修德，其敗豈但一身一家之比？將宗廟社稷有所不保，天下生靈皆受其殃，可不懼哉，可不戒哉！」〔註40〕同時，太祖也清楚懂得守成不易，故當吳元年時，太子朱標已十三歲，太祖命其省臨濠墓時，就明確指出其弱點並喻之曰：「商高宗舊勞於外，周成王早聞無逸之訓，皆知小民疾苦，故在位勤儉，爲守成令主。兒生長富貴，習於晏安。今出旁郡縣，遊覽山川，經歷田野，其因道途險易以知鞍馬勤勞，觀閭閻生業以知衣食艱難，察民情好惡以知風俗美惡，即祖宗所居，訪求父老，問吾起渡江時事，識之於心，以知吾創業不易。」〔註41〕太祖認識對於教育太子、諸王之重要與艱難後，便有計劃地教育與培養太祖與諸王，洪武元年時：

> 建大本堂取古今圖書充其中，徵四方名儒教太子諸王，分番夜直，
> 選才俊之士充伴讀。帝時時賜宴賦詩，商榷古今，評論文字無虛日。
> 命諸儒作鐘山龍蟠賦。置酒歡甚，自作時雪賦，賜東宮官。令三師、
> 諭德朝賀東宮，東宮答拜。又命東宮及王府編輯古人行事可爲鑒戒
> 者，訓諭太子諸王。四年春製大本堂玉圖記，賜太子。〔註42〕

同時，太祖又於太子賓客梁貞、王儀等提出要求：「範金礱玉，所以成器；尊師重傅，所以成德。朕命卿等輔導太子，必先養其德性，使進於高明。然後於帝王之道、禮樂之教、及往古成敗之跡，民間稼穡之事，朝夕與之論說，日聞讜言，使無非僻之干。積久而化，他日爲政，自能合道。卿等勉之。」〔註43〕太祖對太子、諸王之教育，是從德、智等各方面著手進行培養；特別是作爲一名帝王，一個統治階級之代表，如不知「帝王之道，禮樂之教，及往古成敗之跡，民間稼穡之事」，想長久保持其統治地位，怕是無法完成。太祖經歷元末之亂，清楚了解當時因腐朽致使元朝滅亡之理，故其對太子、諸王之教育、德性、學問等，均非常重視。

　　不僅止於太子、諸王，對於功臣武將之子弟之教育亦頗爲重視。太祖鑒於歷代王朝常有元老重臣，居功自傲，威脅皇權之例，即重視其教育，使功臣武將之子弟能引以爲戒，並消弭其不滿與對抗情緒，使其明禮教，知興替，效忠明王朝。〔註44〕爲此，太祖屢次令武臣、功臣子弟入學讀聖賢書：洪武

〔註40〕余繼登：《典故紀聞‧卷二》，北京：中華，1981年，頁35。
〔註41〕《明史‧興宗孝康皇帝列傳》
〔註42〕同注39。
〔註43〕同注32，卷一。
〔註44〕見〈略論朱元璋之教育思想〉，收於《安徽師大學報》，第二十一卷，第2期，

二年，令功臣子弟入學。〔註45〕三年，采納御史台袁凱建議，詔儒士更直午門，爲武臣及功臣子弟講說經史。十年，選武臣子弟入國子監。〔註46〕十四年，令公侯子弟皆入國子學。〔註47〕十八年，命大都督府選武臣子弟入國子監讀書。〔註48〕而邊遠地區之武臣子弟，考慮其「久居邊塞，鮮聞禮教，恐漸移其性」，而就地置儒學，「使之誦詩書，習禮儀」，以期收「非但造就其才，他日亦可資用」之功效。太祖重視其太子、諸王，乃至於功臣武將之子之教育，實與其「重學」之態度相連貫也。

三、重儒親賢、重視科舉

太祖之重儒親賢，前累言之，茲不重覆。除《廿二史箚記》之記載外，《實錄》亦有許多資料可供參考。在吳元年舉兵戰爭之際，太祖早已認識賢士對於治國之重要，更進一步把此類人才分爲三種，《實錄·卷二八·上》云：

> 自古忠賢之士，大概有三：輔國安邦，孜孜圖治，從容委曲，勸君爲善；君雖未聽，言必再三。人君感悟，聽而用之，則朝廷尊安，庶務咸理，至於進用賢能，使野無遺逸，黜退邪佞，處置當法，而人不敢怨，此上等之賢也。傳習古人之言，深知已成之事，其心雖忠於輔國，而胸中無機變之才，是非古今，膠柱鼓瑟，而強人君以難行之事。然觀其本情忠鯁，亦可謂端人正士矣。屢遭斥辱，其志不怠，此亦忠於爲國，乃中等之賢也。又有經史之學，雖無不通，然泥於古人之陳跡，不識經濟之權衡，胸中混然不能辨別；每揚言高諭，以爲進諫，竟不知何者宜先，何者宜後？何者可行，何者不可行？凡其謀事，自以爲當而實不切於用。人君聽之，則以之自高不聽，則謂不能行其言，既無益於國家，使人君有拒諫之名。然其心亦無他，不識時達變耳。此下等之賢也。

由此可知太祖深知「選賢與能」實爲「治國之要」，「舉賢任才，治國之本」、「天下之治，天下之國共理之」〔註49〕於洪武三年，下詔求賢，「今朕統一華

1993 年，頁 213。

〔註45〕《明史·太祖本紀》

〔註46〕以上見《實錄》卷五七、卷一一四。

〔註47〕同注 43。

〔註48〕同注 32，卷八。

〔註49〕引文分別見於《明史·太祖本紀》、《明通鑑·卷一》

夷，外撫四夷，與斯民共享昇平之治。所慮官非其人，有殄吾民，願得賢人君子而用之。自今年八月爲始，特設科舉以起懷才抱道之士，務在經明修行，博通古今，文質得中，名實相稱；其中選者，朕將親策於庭，觀其學識，第其高下，而任之以官。果有才學出眾者，待以顯擢，使中外文臣，皆由科舉而選，非科舉者，毋得與官。」〔註50〕求賢與科舉，乃是相輔相成，互爲表裏。洪武四年，太祖喻中書省臣曰：「今天下已定，致治之道，在於任賢。既設科取士，令各行省連試三年，庶賢才眾多而官足任使也。自後則三年一舉，著爲定例。」〔註51〕然科舉制度實行幾年後，太祖發現所取舉人皆長於文辭而少實際才幹，於洪武六年詔停科舉，其曰：

> 朕設科舉，以求天下賢才，務得經明行修，文質相稱之士，以資任
> 用。今有司所取，多後生少年，觀其文詞，若可與有爲；及試用之，
> 能以所學措諸行事者甚寡。朕以實心求賢，而天下以虛文應朕，非
> 朕責實求賢之意也。

經由科舉所取之士，多後生少年，文章有餘而行事治國方面則不足，故停科舉而「別令有司察舉賢才，必以德行爲本而文藝次之。庶幾天下學者知所嚮方，而士習歸於務本。」人才任用從而變爲察舉，同時亦常下詔求賢，訪求天下賢才。但察舉求賢不並始於此，早於洪武元年閏七月時，「徵天下賢才至京，授以守令，厚賜而遣之」，並語云：「治國家，以德賢爲先。賢者天下之望也。然布衣之士，新授以政，必有以養其廉恥，然後可責其成功。」九月，下詔求賢，「朕惟天下之廣，固非一人所能治，必得天下之賢共理之。……今天下輔定，願與諸儒講明治道，啓沃朕心，以臻至治。巖穴之士，有能以賢輔我，以德濟民者，有司禮遣之，朕將握用之。」又洪武六年，「復命天下有司，訪求儒術，深明治道者。」又於洪武十二年，「天下博學老成之士，皆應詔至京師。……吏部奏是歲除官二千九百八人，天下所儒士人材五百五十三人。」〔註52〕

　　然經太祖觀察了解、分析比較後，發覺察舉求賢弊端更多，終於科舉停辦達十餘年後，於洪武十五年宣布恢復科舉。〔註53〕太祖曰：

〔註50〕《實錄‧卷五二》
〔註51〕《實錄‧卷六十》
〔註52〕引文見《實錄》卷三三，卷三五，卷五二，卷一二八。
〔註53〕《明史‧選舉志‧二》

朕自代元，統一華夷，官遵古制，律倣舊章，孜孜求賢，數用不當；
有能者委以腹心，或面從而志異；有德者授以祿位，或無所建明；
中材下士，寡廉鮮恥，不能克己，若此無已，奈何爲治？爾諸文士，
當進學之秋，既承朕，悉乃心力，立身揚名，在斯始舉，其條陳之。

〔註54〕

科舉從太祖「開設」、「罷停」至最後又「恢復」，主要原因乃明承元末，政局
尚未穩定；加上元朝儒士多不願仕於明朝，在國家草創之初，用人唯才之際，
科舉確實提供人才入仕之管道；又科舉又較下詔求賢、察舉、薦舉、蔭庇等
等方法優越，是以科舉制度於穩定明初政治與太祖統治之基礎有其重要性。
且最重要者，便是八股取士，「科目者，沿唐、宋之舊，而稍變其試士之法，
專取四子書及《易》、《書》、《詩》、《春秋》、《禮記》五經命題試士。蓋太祖
與劉基所定。其文略倣宋經義，然代古人語氣爲之，體用俳偶，謂之八股，
通謂之制義。」八股取士乃太祖朱元璋首創，對清代與此後均產生重大影響。

小　結

　　太祖《御注》與現實緊密結合，從以上之論述可窺其一二。由此更證明
太祖注《老》之目的，實爲了現實之政治目的而來，進而於《御注》中有所
呈現。

〔註54〕《實錄・卷一七二》

第七章 結 論

　　以上是實際現況與太祖《御注》所呈現之主張作一對照，《御注》所指陳，是否全與現實結合？此一答案是否定的。最明顯之處，即爲《御注・序》所言「朕乃罷極刑而囚役之，不逾年而朕心減恐」一句。其言：「見本經云：『民不畏死，奈何以死懼之？』當是時，天下初定，民頑吏弊，雖朝有十人而棄市，暮有百人而仍爲之，如此者豈不應經之所云？朕乃罷極刑而囚役之，不逾年而朕心減恐。」〔註1〕太祖因此句「民不畏死，奈何以死懼之」興起替《道德經》作注之因，於此同時更應「罷極役而囚役之」，當無所謂「極刑」存在，因「極刑」而被殺者理應減少才是。然事實卻與之相反。

　　明初太祖所以會用極刑重典，據趙翼《廿二史箚記・明祖晚年去嚴刑》記載：「明祖懲元季縱弛，特用重典馭下，稍有觸犯，刀鋸隨之。」又引《草木子》所言：「時京官每旦入朝，必與妻子訣。及暮無則相慶，以爲又活一日。」〔註2〕又《明史・循吏傳序》曰：「明太祖懲元季吏治縱弛，民生凋敝，重繩貪吏，置之嚴典。」可知太祖用重典嚴刑之原因，是基於「元季吏治縱弛」；此外，亦有太祖個人自身之背景。李贄曾言：「蓋自其托身皇覺寺之日，已憤然於貪官污吏之虐民，欲得而甘心矣。」〔註3〕此處所云，應爲《御序》之「民

〔註1〕　明・劉辰：《國初事蹟》（叢書集成初編）亦記載：「太祖於國初編律，頒行各衙遵守，豈期犯法者多？太祖曰：『我欲除貪贓官吏，奈何朝殺而暮犯。……』」亦可爲此之佐證。北京：中華，1991年，頁13。
〔註2〕　據鄧禹嗣之考證，此條今本《草木子》所無，當即《草木子餘錄》；屢見前人徵引，未見其書。見鄧嗣禹：〈明大誥與明初之政治社會〉，收於《燕京學報》，第廿期，頁482。
〔註3〕　見李贄：《續藏書・卷九十三・小引》

頑吏弊」之寫照。

然關於明初之重刑，《明朝小史・國初重刑》曾有記載：

帝開國時，其重辟，自凌遲處死外，有刷洗，裸置鐵床，沃以沸湯，以鐵刷刷去皮肉；有梟令，以鈎入脊懸之；有稱竿，縛置竿杪，懸石稱之，有抽腸，亦掛架上，以鈎入穀道鈎腸；有剝皮，剝酷皮置公座，令代者坐警以懲；有挑膝蓋、有錫蛇遊等法。

除此嚴刑之外，更有《大誥》、《大誥續編》、《大誥三編》、《大誥武臣》等法律條文之編纂。依《明史・刑法志・一》所言：「《大誥》者，太祖患民狃習，徇私滅公，戾日滋。十八年采輯官民過犯，條爲《大誥》。……次年復爲《續編》、《三編》，皆學宮以課士，里置塾師教之。囚有《大誥》者，罪減等。於時，天下有講讀《大誥》師生來朝者十九萬餘人，並賜鈔遣還。」是《御製大誥》之動機，蓋峻法屢加，而犯者接踵，故從刑事案件，采輯官民過犯，撮其要略，條爲大誥，以作官民之鑑戒。〔註4〕然《大誥》所列之嚴刑峻法，除所舉之外，尚有墨面文身、挑筋剁指、斷足刖足、閹割爲奴、斬趾枷令，……等等，較明法條例爲嚴，所言法外用刑，即是指此。〔註5〕

雖於洪武元年，南康府事王禕上疏曰：「人君祈天永命之要，在忠厚以存心，寬大以爲政。」〔註6〕洪武四年劉基致仕還鄉時，對太祖言：「今國威已立，宜少濟以寬大」，臨終又言：「當今之務在修德省刑，祈天永命。」〔註7〕可見當時儒臣對於太祖基於元末之弊採嚴刑重典，並不表贊同。然太祖仍恃此而行之，《實錄・卷一七四》云：「朕向在民間，嘗見縣官由儒者多迂而廢事，由吏者多奸而弄法，蠹政厲民，靡所不致，致使君德不宣，政事日壞，加以凶荒，弱者不能聊生，強者去而爲盜」，是故《實錄・卷六十九》又言：「今官吏犯贓罪者無貸。初元末政弊，仕進者多賂……此弊不除，欲成善治，終不可得。」

直至太祖晚年，漸知嚴刑不足以化民，故於洪武二十年，「焚錦衣衛刑具，以繫囚付刑部審理。」〔註8〕洪武二十三年，以楊靖爲刑部尚書，諭曰：「愚民犯法，如啗飲食，嗜之不知止。設法防之，犯者益眾，惟推恕行仁，或能

〔註4〕 同注2，頁456。
〔註5〕 同2，頁479。
〔註6〕 《明通鑑・卷一》
〔註7〕 《明史・劉基傳》
〔註8〕 《實錄・卷一八〇》

感化。」〔註9〕更於洪武二十八年,罷用極刑,《實錄・卷二三九》記載:

> 朕自起兵至今四十餘年,親理天下庶務,人情善惡眞僞,無不涉歷。
> 其中奸頑習詐之徒,情犯深重,灼然無疑者,特令法外加刑,意在
> 使人知所警懼,不敢輕易犯法。然此特權時措置,頓挫奸頑,非守
> 成之君所用長法;以後嗣君統理天下,止守律與大誥,並不許用鯨、
> 刺、剕、閹、割之刑。臣下敢有奏用此刑者,文武群臣時時劾奏,
> 處以重刑。

直至洪武末年,嚴刑始廢。〔註10〕由上述記載可知,至少從明初至太祖末年,即上所言之洪武二十八年之間,此重典嚴刑就從未中止過,《御序》所謂「罷極刑而役之」,當爲太祖一時興起行之,之後便恢復用刑,才有「不逾年而朕心減恐」之句言之。〔註11〕

如此重典嚴刑,受害牽連者便不在少數。洪武七年,即因殺人眾多,有人控訴道:「才能之士,數年來幸存者百無一二。」洪武九年,「時官有罪者,笞上以悉謫屯鳳陽,至萬數。」洪武二十五年,更總結洪武朝歷來殺戮之大者,其曰:

> 洪武四年錄天下官吏,十三年連坐胡黨,十九年逮官吏積年爲民害
> 者,二十三年罪妄言者。大戮官民,不分臧否。〔註12〕

然殺人最多、又最著名者,莫過於胡(惟庸)藍(玉)之獄,還有所謂空印與郭桓兩案。胡案發生於洪武十三年,藍案發生於洪武二十六年,前後相隔十四年,尤以胡案影響最鉅,中國自秦漢以來之宰相制度,因之廢除;空印案發生於洪武十五年,郭桓案發生於洪武十八年。前兩案被株連者四萬人,後兩案合計有七八萬人。〔註13〕還有所謂「文字獄」,因諸臣所上表箋用字不當而被殺,

---

〔註9〕 《明通鑑・卷十》
〔註10〕 陸容:《菽園雜記》云:「國初懲元之弊,用重典以新天下,故令行禁止,若
風草然。然有面從於一時,而心違於身後者數事。如洪武錢、大明寶鈔、大
誥、洪武韻是已。……大誥,惟法司擬罪云有大誥減一等云爾,民間實未之
見,況復有講讀者乎?」陸容乃明成化年間進士,見《明史》本傳,可證洪
武以後大誥不復行用。
〔註11〕 余英時亦云:「……感於『民不畏死』之語,遂發憤注道德經。照理說,他(明
太祖)此後應該不再嗜殺了。實則不然,注老不久,他又恢復了重刑,至洪
武十八年益甚。」亦可爲此之佐證。見其《歷史與思想》,台北:聯經,1976
年,頁84。
〔註12〕 引文俱《明史》茹太素本傳、韓宜可本傳、周敬心本傳。
〔註13〕 《明史・刑法志・二》

如「則」作「賊」，「生」作「僧」，「取法」作「去髮」，「帝扉」作「帝非」……
等等，亦殺之無赦。文字之獄，當是太祖因個人好惡，或以政治關係需要夷除
異己，故意斷章取意，曲解諸儒所上表箋詞語羅織成獄。〔註14〕

何以殺人如此之多，大興獄案？趙甌北《廿二史箚記・胡藍之獄》曾指
出：「明祖則起事雖早，而天大定，則年已六十餘，懿文太子又柔仁；懿文死，
孫更孱弱，遂不得不爲身後之慮，是以兩興大獄，一網打盡，此可以推見其
心跡也。」所言甚是。吳玲亦指出，太祖大興獄案，除深慮身後子孫儒弱，
有計劃地施行一系列的大屠殺之外，實因「明初連年用兵，承元疲敝之後，
益以兵荒天災，國用奇絀。一面又因天下未定，不能不繼續用兵。……因此
除不斷用富民的政策以奪其田產以益軍實外，又不斷地尋出事來擇肥而噬，
屢興大獄的目的只是措財籌款。」〔註15〕近人朱鴻也表贊同，另外指出，「惟
馬皇后崩卒與太祖春秋過高，爲身後所計，以致猜疑之心日重，應是較重要
的兩個原因。」〔註16〕

然無論是何原因，太祖殺人如麻，乃不爭之事實。是以鄧嗣禹有言：「老
子：『民不畏死，奈何以死懼之。』太祖昧於此旨。」〔註17〕誠爲中肯之見也。

雖言之鑿鑿，然太祖《御注》並非一無所取。歷來對於明太祖《御製道
德眞經注》，總是貶多於褒，甚至不曾多置一詞。原因不外乎如柳存仁先生所
言：「文字平實，甚且有訛陋難通之處，亦不似唐宋兩帝《御注》之炳爛。」
〔註18〕歷代以來，僅朱得之《老子通義》前文〈讀老評〉中引太祖《御注》
序文，但其注文朱得之則又不取，是以太祖《御注》，誠如柳先生所言：「可
謂泯沒不彰。」四庫全書亦未收入太祖《御注》。

然太祖《御注》眞如此不值得吾人重視？非也。老子著《道德經》時，
本有其現實意義。春秋戰國之際，中國社會處於空前的動盪混亂中，傳統禮
樂制度已不能維持正常社會秩序與政治運作，各階層人民之生存也面臨著極
大危機。此一歷史背景下，先秦諸子莫不對著社會秩序、政治制度以及人的

〔註14〕見陳學霖：《明太祖文字獄案考疑》，收於《明代人物與傳說》，香港・香港中
　　　　文大學，1997 年，頁 20～21。

〔註15〕《胡惟庸黨案考》，收於《吳玲史學論著》，第二冊。

〔註16〕見朱鴻：〈明太祖誅夷功臣的原因〉，收於《國立臺灣師範大學歷史學報》，第
　　　　八期，民國 69 年 5 月，頁 17。

〔註17〕同注 2，頁 483。

〔註18〕見柳存仁：〈道藏本三聖註道德經之得失〉，收於《和風堂文集》，上海：上海
　　　　古籍，1991 年，頁 479。

生存，表現出極大關心。儒、道、墨、法各家從不同的切入點提出不同主張，彼此之間相互爭鳴、交會，共同促進了中國社會政治哲學及人生哲學形成與發展。

老子之學繼承了史官的文化傳統，〔註19〕推天道以明人事，提出了「道」的學說，以爲其入世之依據。史官因其特殊之職業背景，對社會政治有特殊觀察，因此老子思想主要關心的是治道；而吾人所熟知的自然無爲等觀念，主要是作爲社會政治原則而提出的，故老子整個哲學系統之開展，可以說是由「道」的宇宙論，伸展至「柔弱」、「不爭」的人生論，再由人生論延伸至「自然無爲」、「無爲而無不爲」的政治論。對於老子哲學而論，政治哲學不僅爲整個哲學之起點，亦是整個哲學是否得以落實之形式關鍵所在。可知老子思想有其現實面的一環，並非全然是形而上的哲學思想，形而下的政治哲學，實奠基於形而上之思辨。太祖《御注》之重實際政治，從上所述看來，確有所本。

其次，凡人著作論述時，或多或少會因自身之環境、背景、教育……等等因素影響，而有不同之呈現。太祖身處元末亂世，經過十幾年之爭戰，最後創建明朝；其所關心之問題，即爲治理天下、穩定政局之事；且太祖從一介農民，忽登大位，此一非常人之經驗，固不能無所感觸。是故太祖從帝王之角度出發，不執解求解，反以是書解是書，將政治現狀之主張，反應於《御注》中，特由《御注》於太祖之政治思想與帝王意識，當可獲得深入之了解。

再者，太祖對於《御注》所言之「聖人觀」，包括主體意識與帝王修養、政治思想之連結、對「權謀」之見解，「無爲」、「道」之詮釋，「天命觀」之開展，《御注》與現實結合等等各方面，理路一致，並無歧出，誠可見其思想正自一貫。且《御注》基本上擺脫了學者注《老》之陳腔濫調，多能發前人所未發，大膽提出一己之見；其以現實面解《老》，亦提供吾人詮解時另一新途徑。以上幾點，不能不說是太祖《御注》之優點。有了這一層之認識，吾人始能平心而論，重新對待與詮釋太祖之御製《道德經》，亦不受歷代解《老》者之桎梏，體會太祖《御注》或有其過人之處，全然否定，實屬無謂也。

最後，在整個中國老學史中，究竟何人之詮解最能契合老子原意，私意以爲，恐怕無人能擔此一重責大任，亦唯有老子本人能之。既是如此，吾人不必、亦不能論定何人之注解最正確，吾人又何必苛求於太祖《御注》？最

〔註19〕《漢書・藝文志》中云：「道家者流，蓋出於史官。」

重要者，經由對《御注》之整理分析，了解其人其思想，深入體認其中文化思想之承傳，從中理解其發展規律，進一步對其作總結，以便於再認識。此實筆者於本文之寫作中，所獲得之心得也。

參考書目

一、古籍部分

1. 明・宋濂，《元史》，北京：中華，1976 年。
2. 元・葉子奇，《草木子》（元明史料筆記叢刊），北京：中華書局，1959 年。
3. 元・陶宗儀，《南村輟耕錄》（元明史料筆記叢刊），北京：中華書局，1959 年。
4. 明・郎瑛，《七修類稿》，臺北：世界，民國 73 年。
5. 明・談遷，《國榷》，北京：中華，1958 年。
6. 明・余繼登，《典故紀聞》（元明史料筆記叢刊），北京：中華，1981 年。
7. 明・陸容，《菽園雜記》（元明史料筆記叢刊），北京：中華，1985 年。
8. 明・沈德符，《萬曆野獲編》（元明史料筆記叢刊），北京：中華，1959 年。
9. 明・葉盛，《水東日記》（元明史料筆記叢刊），北京：中華，1980 年。
10. 明・劉辰，《國初事蹟》（叢書集成初編），北京：中華，1991 年。
11. 明・王文祿，《龍興慈記》（叢書集成初編），北京：中華，1985 年。
12. 明・徐禎卿，《翦勝野聞》（叢書集成初編），北京：中華，1991 年。
13. 撰人不詳，《天潢玉牒》（叢書集成初編），北京：中華，1985 年。
14. 撰人不詳，《皇朝本記》（叢書集成初編），北京：中華，1985 年。
15. 明・王世貞，《弇山堂別集》，北京：中華，1985 年。
16. 明・呂毖輯著《明朝小史》（正中書局重印），台北：中央圖書館，民國 70 年。
17. 清・谷應泰，《明史紀事本末》，臺北：三民，民國 58 年。
18. 清・趙翼，《廿二史箚記》，臺北：世界，1962 年。
19. 清・張廷玉，《明史》，北京：中華，1974 年。
20. 清・龍文彬，《明會要》，臺北：世界，民國 78 年。
21. 清・夏燮，《明通鑑》，台北：世界，民國 67 年。

22. 清‧查繼佐，《罪惟錄》，浙江：浙江古籍，1986 年。

23. 新文豐出版公司編輯部編輯，《正統道藏》，臺北：新文豐，民國 77 年。

24. 嚴靈峰編，《無求備齋老子集成初編、續編》，臺北：藝文《明實錄》（全八冊），台北：中央研究院歷史語言研究所校印，民國 57 年。

25. 吳相湘主編；明年朱元璋著，《明太祖御製文集》，台北：學生，民國 54 年。

26. 錢伯城、魏同賢、馬樟根主編，《全明文》第一冊（朱元璋卷），上海：上海古籍，1992 年。

二、專著部分

1. 勞思光，《新編中國哲學史》，台北：三民，民國 84 年。

2. 胡適，《中國古代哲學史》，臺北，臺灣商務，民國 47 年。

3. 馮友蘭，《中國哲學史》，臺北，臺灣商務，民國 82 年。

4. 任繼愈編，《中國哲學史》，北京：人民出版社，1963 年。

5. 侯外廬編，《中國思想通史》，北京：人民出版社，1957 年。

6. 梁啓超原著，貫馥茗標點，《先秦政治思想史》，台北：東大，民國 69 年。

7. 朱日耀，《中國古代政治思想史》，吉林：吉林大學，1998 年。

8. 蕭公權，《中國政治思想史》，台北：中國文化大學，民國 77 年。

9. 張金鑑，《中國政治思想史》，台北：三民，民國 78 年。

10. 牟宗三，《才性與玄理》，台北：學生，民國 82 年。

11. 牟宗三，《中國哲學十九講》，台北：學生，民國 75 年。

12. 牟宗三，《政道與治道》，台北：學生，民國 76 年。

13. 唐君毅，《中國哲學原論：導論篇》，台北：學生，民國 75 年。

14. 唐君毅，《中國哲學原論：原道篇》，台北：學生，民國 75 年。

15. 徐復觀，《中國人性論史：先秦篇》，台北：商務，民國 58 年。

16. 徐復觀，《學術與政治之間》，台北：文津，民國 74 年。

17. 樓宇烈校釋，《王弼集校釋》，台北：華正，民國 81 年。

18. 高亨，《老子正詁》，台北：開明，民國 57 年。

19. 朱謙之釋：任繼愈譯，《老子釋譯》，台北：里仁，民國 74 年。

20. 王淮，《老子探義》，台北：商務，1969 年。

21. 陳錫勇，《老子校正》，台北：里仁，民國 88 年。

22. 陳鼓應，《老子今註今譯及評介》，台北：商務，民國 86 年。

23. 陳鼓應，《老莊新論》，上海：上海古籍，1992 年。

24. 陳鼓應主編，《道家文化研究》（一～十七冊），上海古籍（一～十）、香港三聯（十一～十七）。

25. 胡哲敷，《老莊哲學》，台北：中華，民國 82 年。

26. 張起鈞，《智慧的老子》，台北：東大，民國 78 年。

27. 王邦雄，《老子的智慧》，台北：東大，民國 69 年。

28. 王邦雄，《中國哲學論集》，台北：學生，民國 72 年。

29. 袁保新，《老子哲學詮釋與重建》，台北：文津，民國 80 年。

30. 王博，《老子思想的史官特色》，台北：文津，1993 年。

31. 余英時，《歷史與思想》，台北：聯經，1976 年。

32. 熊鐵基、馬良懷、劉韶軍，《中國老學史》，福建：福建人民，1995 年。

33. 莊萬壽，《道家史論》，台北：萬卷樓，民國 89 年。

34. 黃冕堂、劉鋒，《朱元璋評傳》，南京：南京大學，1998 年。

35. 黃冕堂，《明史管窺》，濟南：齊魯書社，1985 年。

36. 李小林編，《明史研究備覽》，天津：天津教育，1988 年。

37. 吳晗，《朱元璋傳》，台北：里仁，民國 86 年。

38. 吳晗，《吳晗史學論著選集》（一～四冊），北京：人民，1988。年。

39. 陶希聖等著，《明代宗教》，台北：學生，民國 57 年。

40. 錢穆等著，《明代政治》，台北：學生，民國 57 年。

41. 柳存仁，《和風堂文集》，上海：上海古籍，1991 年。

42. 柳存仁，《道家與道術——和風堂文集續編》，上海：上海古籍，1999 年。

43. 孟森（心史），《明清史講義》，台北：里仁，民國 79 年。

44. 陳捷先，《明清史》，台北：三民，民國 79 年。

45. 黃景昉，《國史唯疑》，台北：正中，民國 58 年。

46. 陳桐梧，《朱元璋研究》，北京：天津人民，1993 年。

47. 楊國楨、陳支平著，《明史新編》，台北：昭明，1999 年。

48. 羅冬陽，《明太祖禮法之法研究》，北京：高等教育，1998 年。

49. 劉精誠，《中國道教史》，台北：文津，民國 82 年。

50. 袁冀，《元吳草廬評述》，台北：文史哲，民國 67 年。

51. 葛兆光，《道教與中國文化》，台北：東華，民國 78 年。

52. 劉鋒、臧知非，《中國道教發展史綱》，台北：文史哲，民國 86 年。

53. 任繼愈主編，《中國道教史》（上、下），台北：桂冠。

54. 莊宏誼，《明代道教正一派》，台北：學生，民國 75 年。

55. 卿希泰主編，《中國道教史》（一～四冊），台北：中華道統，1997 年。

56. 吳智和編，《明史研究專刊》（一～十二冊），宜蘭：明史研究小組出版。

三、期刊論文

1. 朱鴻，〈近十年來（1989～2000）有關朱元璋研究之介紹〉，《漢學研究通訊》，20：1，總 77 期，民國 90 年 2 月，頁 28～44。

2. 朱鴻，〈明太祖與僧道──兼論太祖的宗教政策〉，《國立臺灣師範大學歷史學報》，第十八期，民國 79 年 6 月，頁 63～80。

3. 朱鴻，〈明太祖誅夷功臣的原因〉，《國立臺灣師範大學歷史學報》，第八期，民國 69 年 5 月，頁 47～89。

4. 朱鴻，〈論明太祖的廢相〉，《歷史月刊》，總 142，1999 年 11 月，頁 96～100。

5. 黃小平，〈朱元璋：一個歷史和人格的研究〉，《師大學報》，總 24，民國 68 年 6 月，頁 139～161。

6. 賴祥蔚，〈誰背叛了明教？談朱元璋對宗教的態度與運用〉，《歷史月刊》，總 133，1999 年 2 月，頁 73～78。

7. 賴祥蔚，〈朱元璋對宗教的基本態度與政治運用〉，《宗教哲學》，第五卷第四期，1999 年 12 月，頁 73～83。

8. 張哲郎，〈從明代皇帝之即位及遺詔論明代政權之轉移〉，《國立政治大學歷史學報》，第 14 期，民國 86 年 5 月。

9. 張應超，〈明朝皇帝與道教〉，《道教學探索》，第柒號，民國 82 年 12 月，頁 231～245。

10. 朱鴻林，〈明太祖的孔子崇拜〉，《中央研究院歷史語言研究所集刊》，第七十本，第二分，民國 88 年 6 月，頁 483～529。

11. 蔣兆成，〈關於朱元璋及其政權的變質問題〉，《杭州大學學報》，第 1 期，1980 年 1 月，頁 46～52。

12. 施一揆、邱樹森，〈再論朱元璋及其政權性質的轉化〉，《南京大學學報》（哲學社會科學），第三期，1978 年，頁 71～76。

13. 畢英春、胡一華，〈朱元璋不是農民起義的領袖〉，《學術月刊》總 150，1981 年 11 月，頁 54～61。

14. 黃才庚，〈朱元璋嚴禁案牘繁冗〉，《故宮博物院院刊》，1981 年 2 月，頁 73～74。

15. 馬自樹，〈朱元璋的憂患意識〉，《故宮博物院院刊》，1989 年 2 月，頁 11～12。

16. 潛齋，〈明太祖御筆〉，《大陸雜誌》，第 10 卷，第四期。

17. 施宜圓，〈朱元璋與儒士〉，《北方論叢》，1981 年，第三期，頁 67～72。

18. 戰繼發，〈朱元璋興學立教的社會功能探析〉，《北方論叢》總 143，1997 年，第 3 期，頁 7～16。

19. 黃晃堂，〈論朱元璋的天道觀〉，《北方論叢》總 123，1994 年，第 1 期，頁 82～88。

20. 黃晃堂，〈論朱元璋的天道觀〉，《北方論叢》，總 123，1994 年，第 1 期，頁 82～94。

21. 林鳳江，〈朱元璋殺戮功臣元勛另議〉，《求是學刊》總 107，1995 年，第 2 期，頁 100～103。

22. 周桂林，〈朱元璋詔、諭、令、旨經文人潤色析〉，《史學月刊》總 154，1985 年，第二期，頁 39～42。

23. 任崇岳，〈朱元璋削平群雄統一全國的原因〉，《史學月刊》總 139，1982 年，第五期，頁 37～41。

24. 唐文基，〈論朱元璋的敬天畏民和「藏富於民」思想〉，《史學月刊》總 127，1980 年，第二期，頁 41～45。

25. 范沛濰，〈朱元璋對諸子的教育和培養〉，《史學月刊》，總 218，1995 年，第六期，頁 37～43。

26. 徐曉莊，〈試析朱元璋法律實踐的矛盾性〉，《史學月刊》，總 222，1996 年，第四期，頁 42～47。

27. 馮爾康，〈論朱元璋農民政權的「給戶民田」〉，《歷史研究》，1978 年，第十期，頁 90～96。

28. 王世華，〈朱元璋懲貪「剝皮實草」質疑〉，《歷史研究》，1997 年，第二期，頁 157～159。

29. 陳高華，〈論朱元璋與元朝的關係〉，《學術月刊》，總 131，1980 年 4 月，頁 13～18。

30. 陳高華，〈從《大誥》看明初的專制政治〉，《中國史研究》，1981 年，第一期，頁 3～13。

31. 陳華華，〈金元二代的衍聖公〉，《文史》，第二十七輯。

32. 陳高華，〈朱元璋的佛教政策〉，《明史研究》，第一輯，安徽：黃山書社，1991 年，頁 110～118。

33. 白振叢，〈朱元璋與鳳陽歌〉，《明史研究》，第一輯，安徽：黃山書社，1991 年，頁 204～207。

34. 尤岩、吉祥，〈朱元璋籍貫考〉，《南京師大學報年社科版》，總 82，1994 年，第 2 期，頁 69～72。

35. 郭預衡，〈朱元璋之為君和宋濂之為文〉，《北京師範大學學報》（社科版），總 135，1996 年，第 3 期，頁 91～97。

36. 謝貴安，〈朱元璋歷史觀與史學思想初探〉，《江漢論壇》，總 205，1997 年，第五期，頁 16～20。

37. 林正根,〈論明太祖的心態與功臣群體的覆滅〉,《江漢論壇》,總 148,1992 年,第 12 期,頁 53～60。

38. 周桂林,〈論朱元璋興孝以行養老之政〉,《河南大學學報》,總 103,1988 年,第 4 期,頁 72～77。

39. 孫洪濤,〈朱元璋的廉政思想與廉政措施〉,《河北大學學報》,總 65,1992 年,第 1 期,頁 95～102。

40. 鄧嗣禹,〈明大誥與明初之政治社會〉,《燕京學報》,第二十期,頁 455～483。

41. 劉志慶,〈論朱元璋的佛教情緣〉,《殷都學刊》,總 64,1997 年,第 2 期,頁 32～36。

42. 張德信,〈略論朱元璋及其政權性質〉,《齊魯學刊》,總 40,1981 年,第一期,頁 40～46。

43. 張德信,〈朱元璋詩文當論〉,《北方論叢》,總 138,1996 年,第 1 期,頁 63～66。

44. 張德信,〈朱元璋政治思想當議〉,《江海學刊》,總 201,1999 年,第 3 期,頁 123～130。

45. 李富軒,〈試論朱元璋的統治模式及其後果〉,《江海學刊》,總 164,1993 第 2 期,頁 123～128。

46. 陳寶良,〈明太祖與儒佛道三教〉,《福建論壇》,1993 年 5 月,頁 40～46。

47. 陳桐梧,〈論朱元璋的居安慮危思想〉,《江西社會科學》,199 年,3 第 5 期,頁 17～22。

48. 卿希泰,〈明太祖朱元璋與道教〉,《江西社會科學》,1999 年,第 1 期,頁 109～113。

49. 張健,〈朱元璋與明初科舉制度〉,《安徽師大學報》(哲社版),1992 年,第 2 期,頁 209～214。

50. 閻忠,〈略論朱元璋的教育思想〉,《安徽師大學報》,第 21 卷,1993 年,第 2 期,頁 209～214。

51. 張寧,〈試論朱元璋的帝業意識〉,《中國文化月刊》,總 183,民國 84 年 1 月,頁 84～97。

四、學位論文

1. 樊鳳玉:《宋儒解老異同研究》,國立暨南大學中文研究所碩士論文,民國 88 年 6 月。

2. 洪芬馨:《焦竑《老子翼》研究》,私立東吳大學中文研究所碩士論文,民國 86 年 4 月。

3. 釋見曄(王秀花):《洪武時期佛教發展之研究——以政策、僧侶、寺院爲中心》,國立中正大學歷史研究所碩士論文,民國 83 年 4 月。

附錄：再探「大小之辯」
──郭象注〈莊子‧逍遙遊〉之檢討

壹、前　言

　　現存的《莊子》書共有三十三篇，此書的真偽性一直受到學者普遍質疑，其中內七篇被公認為最有可能是莊子所作；而其他外篇、雜篇則被推論是莊子後學添補而成。〔註1〕因此在最有可能是莊子所作的內七篇材料上，選擇以首篇〈逍遙遊〉為主題。〈逍遙遊〉可說是莊子思想的總綱，〔註2〕釐清〈逍遙遊〉的意旨，可說是掌握了莊子思想的綱要；因此就〈逍遙遊〉一開始的「大小之辯」文獻，以小、大關係反映所要解決的問題上，如鵬與鷦鳩之間，由此探討這其中之關係。

貳、郭注之解釋〔註3〕

　　郭象《莊子注》解〈逍遙遊〉的要義云：

〔註1〕例如劉笑敢先生就把外、雜篇的作者分成莊子後學的述莊派、無君派、黃老派三類。有關劉先生之說，請見劉笑敢：《莊子哲學及其演變》，北京：中國社科，1988，頁263～317。

〔註2〕郭象說：「夫莊子大意，在乎逍遙遊放。」宣穎認為〈逍遙遊〉是此書之首，此可看成是莊子立言之宗本，陳品卿也說：「夫逍遙者，內篇之冠冕，而莊學之綱領也。」

〔註3〕歷代學者，對於此一公案，探討已多，可參見黃錦鋐：〈關於莊子向秀注與郭象注〉，《莊子論文集》，台北：木鐸，民國81年。而向郭注莊，其義實多相近，以下，即以郭象之注，作為向郭二人意見的代表，取為討論的資料。

夫大小雖殊，而放於自得之場，則物任其性，事稱其能，各當其分，
逍遙一也，豈容勝負於其間哉？

以爲世間的人物，形體雖各有大小的不同，但只要能夠自得其樂，悠然自在，
充分發揮自己的本性，各盡自己的本分，則可姿各具本身的逍遙自足。因此，
各物之間，其快樂自足的情形，並無彼此高下的分則。從這一個立場出發，
對於〈莊子·逍遙遊〉篇中「北冥有魚，其名爲鯤」、「化而爲鳥，其名爲鵬」
一段的敘述，郭象注則說：

鯤鵬之實，吾所未詳也。夫莊子之大意，在乎逍遙遊放，無爲而自
得，故極大小之致以明性分之適。達觀之士，宜要其會歸，而通其
所寄，不足事事曲與生說。自不害其弘旨，皆可略之耳。

在〈逍遙遊〉篇中，鯤鵬都是「不知其幾千里」的大物，郭象卻採取「鯤爲
魚子」（《爾雅·釋魚》）的說法，將「鯤」「鵬」視爲是「小」與「大」的代
表，而以爲「小」「大」之物，如能各適其性，則能各得其樂。對於〈逍遙遊〉
篇中「鵬之徙於南冥也，水擊三千里，搏扶搖而上者九萬里，去以六月息者
也」，郭象注則說：

夫大鳥一去半歲，至天池而息，小鳥一飛半朝，搶榆枋而止。此比
所能，則有間矣，其於適性，一也。

在此段文中，只說鵬鳥之「大」，而郭象卻取《莊子》後段中學鳩之「小」，
以作對比，而又歸結到「大」「小」兩者在「適性」方面的均等齊一。對於〈逍
遙遊〉篇中「水之積也不厚，則其負大舟也無力。覆杯水於坳堂之上，則芥
爲之舟，置杯焉則膠，水淺而舟大也」，郭象注云：

夫質小者所貴不待大，則質大者所用不得小矣。故理有至分，物有
定極，各足稱事，其濟一也。

莊子在此段文字中，重點在說明鵬鳥之「大」，故所需配合的風與水也都必須
是「大」，才能飛行絕跡，徙往南冥。而郭象所注，卻強調了「小」「大」之
物，各有定極，只要各自適於己事，則其成就也能均等齊一。對於〈逍遙遊〉
篇中「蜩與學鳩」譏笑鵬鳥「奚以之九萬里而南爲」，郭象注：

苟足於其性，則雖大鵬無以自貴於小鳥，小鳥無羨於天池。而榮願
有餘矣。故小大雖殊，逍遙一也。

在此段中，雖舉出蜩與學鳩對於鵬鳥的譏笑，但是，接下來所敘說的「適莽
蒼者，三餐而反，腹猶果然，適百里者宿春糧，適千里者三月聚糧」，卻明顯

地是肯定了「小」「大」的差異。而郭象所注，卻強調了「小」不羨於「大」、「大」不貴於「小」的各具逍遙的觀念。也因此，對於莊子緊接著的批評蜩與學鳩之詞，「之二蟲又何知？」郭象的注，便只能說出：「二蟲，謂鵬蜩也。」捨棄學鳩，以鵬與蜩同歸為「二蟲」，以牽就他在前文中齊同小大「逍遙一也」的說法，以為鵬蜩並舉，「對大於小，所以均異趣也。夫趣之所以異，豈知異而異哉？皆不知所以然而自然耳。自然耳，不為也。此逍遙之大意。」以為物之大小雖異，只是自然異趣，所以便能各自逍遙。對於〈逍遙遊〉中斥鴳譏笑鵬鳥「彼且奚適也？」一段，郭象注曰：

> 各以得性為至，自盡為極也。向言二蟲殊異，故所至不同，或翱翔天池，或畢志榆枋，直各稱體而足，不知所以然也。今言小大之辯，各有自然之素，既非跂慕之所及，亦各其性，不悲所以異，故再出之。

在此段文中，舉斥鴳與鵬鳥對比，明說是「此小大之辯也」，而郭象所注，卻強調了「小大之辨，各有自然之素」，以萬物雖有小大的不同，卻應當「各安其天性，而萬物之自得」，也「各以得性為至，自盡為極」，只要得其自性，盡其本分，則快然自足，所以，萬物小大雖殊，正不必「悲其所以異」，而當樂其「適性」的所以同。對於〈逍遙遊〉篇中「堯讓天下於許由」一段，郭象注云：

> 庖人尸祝，各安其所司；鳥獸萬物，各足於所受；帝堯許由，各靜其所遇：此乃天下之至貴也。各得其貴，又何所為乎哉？自得而已矣。故堯許之行雖異，其於逍遙，一也。〔註4〕

此段文字中，舉堯讓天下於許由，許由不受之事，以證前文「聖人無名」之旨。但郭象之注，卻強調人與萬物「性各有極」只要各安所司，各得其實，則可各得其樂，進一步均等於逍遙之境。對於〈逍遙遊〉篇中惠子有大樹，而「患其無用」一段，郭象注則說：

> 夫小大之物，苟失其極，則利害之理均；用得其所，則物皆逍遙也。

郭象以為，小大之物，「性各有極」，故當各安定分，乃能各適其性，各得逍遙之樂。否則，如果「苟失其極」，昧於小大之辯，則將反受其害，是以物有小大，如能各適其用，用得其宜，則各物皆能至於逍遙自得、悠然「自足」

〔註4〕（晉）郭象註：《莊子》，台灣：中華書局，民國81年，卷1，頁1。以下所引之郭象注皆同。

的境域。

以上是郭象注中所釋莊子「逍遙義」的基本觀點。〔註5〕但劉義慶在《世說新語‧文學篇》云:

> 《莊子‧逍遙篇》,舊是難處,諸名賢所可鑽味,而不能拔理於郭向之外。支道林在白馬寺中,將馮太常共語,因及〈逍遙〉。支卓然標新理於二家之表,立異義於眾賢之外,皆是諸名賢尋味之所不得,後遂用支理。

劉孝標於此條下注云:

> 向子期、郭子玄逍遙義曰:夫大鵬之上九萬,尺鷃之起榆枋,小大雖差,各任其性。苟當其分,逍遙一也。然物之芸芸,同資有待。得其所待,然後逍遙耳。唯聖人與物冥而循大變,爲能無待而常通。豈獨自通而已?又從有待者,不失其所待。不失則同於大通矣。〔註6〕

觀劉孝標之注文實甚精要,足可充之以解決逍遙遊之層次問題。關於此點,牟宗三先生將劉注分三段說明之。〔註7〕

(一)、夫大鵬之上九萬,尺鷃之起榆枋,小大雖差,各任其性。苟當其分,逍遙一也。

　　案:此數語先從理上作一般的陳述。大鵬與尺鷃有小大之差。小大之差是由對待關係比較而成。落於對待方式下觀萬物,則一切皆在一比較串中。此爲比較串中大小之依待。長短、夭壽、高下串中之依待亦然。此爲量的形式關係中之依待。在量的形式關係中之依待所籠罩之「現實存在」,又皆有其實際條件之依待,此爲質的實際關係中依持。在此兩種依待方式下觀萬物,則無一是無待而自足者,亦即無一能逍遙而自在。依莊子,逍遙必須是在超越或破除此兩種依待之限制中顯。此爲逍遙之「形式的定義」。

(二)、然物之芸芸,同資有待。得其所待,然後逍遙耳

　　案:此實不可說逍遙。「唯聖人與物冥而循大變,爲能無待而常通。」此即明標「唯聖人,始能超越或破除此限制網,而至眞正之逍遙。」然則

〔註5〕見胡楚生:《老莊研究》,台北:學生書局,民國81年,頁140～143。

〔註6〕(南朝)劉義慶編、楊勇校注:《世說新語》,台北:正文,〈文學第四〉,民國81年。

〔註7〕見牟宗三:《才性與玄理》,台北:學生書局,民國74年,頁181～184。

真正之逍遙決不是限制網中現實存在上的事，而是修養境界上的事。此屬於精神生活之領域，不屬於現實物質生活之領域，此為逍遙之真實定義，能體現形式定義之逍遙而具體化之者。然人能自覺地作虛一而靜之工夫，以至聖人或至人之境界，而大鵬尺鴳，乃至草木瓦石，則不能作此修養之工夫，故「放於自得之場，逍遙一也」。此一普遍陳述，若就萬物言，則實是一觀照之境界。並非萬物真能客觀地至此「真實之逍遙」。就萬物自身言，此是一藝術境界，並非一修養境界。凡藝術境界皆繫屬於主體之觀照。隨主體之超昇而起昇，隨主體之逍遙而逍遙。所謂「一逍遙一切逍遙」，並不能脫離此「主體中心」也。而郭象注《莊》，則意在越此限制網而回歸於各物之自己，以明「苟當其分，逍遙一也」。

（三）、豈獨自通而已？又從有待者，不失其所待。不失則同於大通矣。

案：此「不失其所待」之功化，亦含觀照之藝術境界在內。道家之功化則為道化之治，道化之治重視消極意義之「去礙」。如是，則含生抱樸，各適其性，而天機自張，此即為「從有待者，不失其所待」也。在去礙之下，渾忘一切大小、長短、是非、善惡、美醜之對待，而皆各回歸其自己。性分其足，不相凌駕。各是一絕對獨體。如是，「則雖大鵬無以自貴於小鳥，小鳥無羨於天池，而榮願有餘矣。故小大雖殊，逍遙一也。」芸芸眾生，雖不能自覺地作工夫，然以至人之去礙，而使之各適其性天機筧張，則亦即「便不失其所待」，而同登逍遙之域矣，此即所謂「不失則同於大通矣」。「同於大通」者，無論聖人之無待與芸芸者之有待，皆渾化於道術之中也，此即謂聖人之功化，功化與觀照一也。在「去礙」之下，功化即是觀照，觀照即是功化；觀照開藝術境界，功化顯渾化為道術。在去礙之下，一切浮動皆止息；浮動息，則依待之限制網裂矣。

參、錯誤的產生

對莊子逍遙境界的誤解，最具代表性的是郭象的《莊子注》，而造作這一誤解，以及把這一誤解變成了一種理論，而影響得非常普遍的，是魏晉的玄學家們。

郭象注〈逍遙遊〉的錯誤，最主要的關鍵是未能把握自然兩字的真義。

按照中國哲學對自然兩字的用法，本是指宇宙人生的必然法則。由於這種法則，不是出於天帝的安排，也不是由於人為的設施，完全是它本身自己如此的。所以自然在宇宙來說，是指物性的自己如此；在人生來說，是指人性的自己如此。物性的自己如此是物性的本然，其本身並沒有價值的因素。而人性卻不然，其本身是有價值意義存在的。因為人本來也是萬物的一種，當然和萬物同具有物性。但人得天獨厚，具有靈智，能從萬物中脫穎而出。自人類從萬物中脫穎而出後，他一方面揚棄了許多物性，一方面更開發了許多人性。所以就人來說，他是兼具了物性和人性的。所以人性之為人性，也就是人性之本然，當然是和物性有所不同的。現在我們先把其間的關係列一個圖表，順著這個圖表，來看看郭注逍遙遊的錯誤究竟在哪。

首先我們看看郭象對「自然」的看法，他說：

> 天地者，萬物之總名也。天地以萬物為體，而萬物必以自然為止。自然者，不為而自然者也。故大鵬之能高，斥鷃之能下，椿木之能長，朝菌之能短，凡此皆自然之所能，非為之所能也，不為而自能，所以為正也。

由這段話中，可以看出郭象眼中的自然，是拘限於物理現象，以本能為主。因為大鵬之能高，斥鷃之能下，這是物理現象，也是本能使然，所以不為而自然。這種本能的自然，即是萬物性分。這個性字，不僅〈逍遙遊〉中沒有，連內篇中也都沒有一字提到。但在郭象的〈逍遙遊〉注中卻是一個重點。他在開端便聲明說：

> 鯤鵬之實，吾所未詳也。夫莊子之大義，在乎逍遙遊放，無為而自得。故極小大之致，以明性分之適。

按照郭象的說法，逍遙之所以可致，完全在於能明性分之適。但郭象所謂性分，卻是局限於物性，他說：

> 物各有性，性各有極，皆如年知，豈跂尚之所及哉。

性分之分，即此處性各有極的極。而此處的極，並不像太極的極，具有深遠

的理型的意義。相反的，乃是一種本能的限制。但人性卻不然，人性非但不受本能所限，而且是向上無限開放的。可是郭象見不及，此把人性當作物性來論，因此黏著在莊子的寓言上，而產生了誤注。

在莊子的筆下，鯤鵬和蜩鳩都是一種譬喻。莊子只是借鵬鳩之喻，托出大小境界的不同，以說明小知不及大知，小年不及大年。「顯然莊子是要捨小就大，責小鳩而效大鵬」（當然大鵬並非莊子最高的逍遙境界，但大鵬比起小鳩來，卻高明多了），但郭象卻把大鵬和小鳩硬放在相等的天平上。本來在逍遙遊中「之二蟲又何知」的「之二蟲」是指的蜩與學鳩，但郭象卻注為鵬與蜩說：

> 二蟲，謂鵬蜩也，對大於小，所以均異趣也。夫趣之所以異，豈知異而異哉。皆不知所以然而自然耳，自然耳，不為也。此逍遙之大意。

又說：

> 苟足於其性，則雖大鵬，無以自貴於小鳥。小鳥無羨於天池，而榮願有餘矣。故小大雖殊，逍遙一也。

由兩段話中，可以看出郭象認為大鵬和小鳩雖然形體有大小之分，但如果牠們都能「足於其性」，則都是一種逍遙。正如他所謂：

> 夫小大雖殊，而放於自得之場，則物任其性，事稱其能，各當其分，逍遙一也。豈容勝負於其間哉。

在這裏，我們已到了郭象注〈逍遙遊〉的重要關鍵，就在「足於其性」一語。本來「足於其性」一語，境界甚高；而郭象所謂的性卻局限於物性，如他說：

> 各以得性為至，自盡為極也。向言二蟲殊異，故所至不同，或翱翔天池，或畢志榆枋，直各稱體而足，不知所以然也。今言小大之辯，各有自然之素，既非跂慕之所及，亦各安其天性，不悲所以異。

由於「足於其性」是偏於本能，限於物性，是「不得不然」的，雖則不是人力所可企及，但也把人性的發揚加以封閉。就這點來看，絕不是莊子逍遙的本意。因為小鳩如果不羨天池，而滿足於牠在樹枝間跳躍，這在物性來說，也未嘗不是一種逍遙。正同矮小者安於矮小，貌醜者不以貌醜為惡，由於矮與醜是形體所限，是人力所可企及，能安其所當安，這也是無可厚非的；但這並不是莊子逍遙的真意。至於愚笨者如果安於愚笨，智淺者如果不以智淺

為陋，由於智與愚不是形體所限，是人力可以改造的，卻安其所不當安，這是一種頹廢思想，絕不是逍遙的境界。再者，荒淫者之沉於聲色，負財者之樂於斂財，在他們的眼中，也是一種逍遙。但這種態度正是莊子所痛斥的，和逍遙的境界完全背道而馳。

由以上所述，可知郭象注〈逍遙遊〉的錯誤，在於沒有分清物性和人性。以自限的物性，封閉了自上的人性。

莊子思想成於戰國中期以後。今天我們就《莊子》書來說，便可以看出在戰國時期，莊子思想的發展已有兩種不同的層次。《莊子》內七篇與外、雜篇，前言已論及，茲不贅述。外、雜篇中境界高者，如〈秋水〉、〈天下〉等篇，可說尚能得莊子的真精神；思想粗俗的，如〈駢拇〉、〈馬蹄〉等篇，雖說是莊子後學所寫，但和莊子的思想不僅毫無所會，甚至於由誤解、曲解，而至於變成了莊子的罪人。所謂兩個層次，一是指莊子思想的本色，包括了《莊子》內七篇，和外雜篇中境界較高的幾篇；其次是指完全和莊子思想相背的幾篇。正如王夫之曾說：

> 外篇非莊子之書，蓋為莊子之學者，欲引伸之而見之弗逮，求肖而不能也。以內篇觀之，則灼然辨矣。……內篇雖極意形容，而自說自掃，無所黏滯。外篇則固執粗說，能死而不能活。……而淺薄虛囂之說雜出而厭觀，蓋非出一人之手，乃學莊者雜輯以成書，其間若〈駢拇〉、〈馬蹄〉、〈胠篋〉、〈天道〉、〈繕性〉、〈至樂〉諸篇，尤為悄劣。〔註8〕

故莊子的思想在戰國後期，已有了誤解。而這種誤解的作品，和內篇混在一起，就變成了今天的《莊子》一書。直至魏晉，由於竹林七賢等人，外受政治險惡的影響，不敢侈言有為；內因個人浪漫才情的所發，醉心於曠達。因此便希望把莊子那套逍遙的境界運用於人生。可是他們本身的思想並不高妙，而對莊子境界的體悟也不深切。他們嚮慕於逍遙，卻不能透過莊子的〈齊物論〉、〈德充符〉等中心思想去達到內心的真正逍遙，而是由於外篇等消極思想的影響，投合了他們頹廢的人生觀，使他們故意把自己的心性封閉了起來，而祇在外貌上去表現形體的逍遙。我們試看魏晉時期的玄學家們，他們那種放任狂誕，甘於低陋，傷風敗俗，破壞禮教的行為。在莊子的眼光中，連那隻可憐的小鳩都不如。但他們非但不自知，反而以為是莊子的忠實信徒：

〔註8〕見（清）王夫之：《莊子通‧莊子解》，台北：里仁，民國84年，卷八，頁68。

用莊子的思想來粉飾他們的行爲。所以郭象注〈逍遙遊〉的錯誤，乃是在整個魏晉思想的溫床中所培養成的。縱使郭象的注自成一種體系，我們可以把他抽出來單獨的研究，但就莊子思想的精神來說，卻是一種誤解。〔註9〕

肆、逍遙義之正解

一、支遁

支遁字道林，晉陳留人，《世說新語・文學篇》曾記載支遁對於〈逍遙遊〉篇的見解：

> 《莊子・逍遙篇》，舊是難處，諸名賢所可鑽味，而不能拔理於郭向之外。支道林在白馬寺中，將馬太常共語，因及逍遙。支卓然標新理於二家之表，立異義於眾賢之外，皆是諸名賢尋味之所不得，後遂用支理。

從以上的敘述，可知〈逍遙遊〉一篇，頗難索解，晉代名賢，鑽研品味，論其說解，要不能出於郭象義之外。及至支道林在白馬寺，創立新義，超越眾名賢之外，故後世乃多用支遁之旨。梁・釋惠皎《高僧傳》卷四〈支遁傳〉也曾記載：

> 遁嘗在白馬寺，與劉承之等談《莊子・逍遙篇》：「各通性以爲逍遙。」
> 遁曰：「不然，夫桀跖以殘害爲性，若通性爲得者，彼亦逍遙矣。」
> 於是退而注〈逍遙篇〉，群儒舊學，莫不嘆服。

〈逍遙遊〉篇，舊論多從郭象之說，以「各適其性」爲依歸，支遁不以爲然，乃舉桀跖性惡殘暴不仁爲反證，以爲如從「適性」之說，則桀跖也可以殘害通性，爲得其逍遙，而逍遙之境界，也可隨人不同而高低抑揚，莫知所正了。因此，支遁乃於郭象適性說之外，另立新義，以爲解說。至於支遁逍遙之說的內容，則《世說新語》劉孝標注，曾引支遁〈逍遙論〉說道：

> 夫逍遙者，明至人之心也。莊生建人道，而寄指鵬鴳。鵬以營生之路曠，故失適於體外；鴳以在近而笑遠，有矜伐於心內。至人乘天正而高興，遊無窮於放浪。物物而不物於物，則遙然不我得；玄感不爲，不疾而速，則逍然靡不適，此所以爲逍遙也。若夫有欲，當其所足，足於所足，快然有似天眞，猶饑者一飽，渴者一盈，豈忘

〔註9〕見吳怡：《逍遙的莊子》，台北：東大，民國73年，頁14～24。

烝嘗於糗糧，絕觴爵於醪醴哉？苟非至足，豈所以逍遙乎！〔註10〕

支遁以爲〈逍遙遊〉篇的意義，主要是在「明至人之心」，闡明悟道者在內心中如何達到悠然自得、逍遙自在的境界，而不爲外物所繫累。因此，支遁以爲，莊子在〈逍遙遊〉中，是藉著鵬鴳的寄託譬喻，而用意實在於人生境界的獲致。他以爲人生在世，當效法鵬鳥的曠達超遠，一舉萬里，而不應如斥鴳的拘羈淺近，驕矜自伐。因此，他以爲人生在世，當優遊於廣大悠遠的遼闊世界，超然於物欲私慮之外，只有措心極大，用心極廣，在內心中達到「至足」的境域，才能獲得眞正的逍遙自在，才足以眞正體悟大道的「至人」。

以上是支遁所釋莊子「逍遙義」的基本觀點。

二、唐君毅

唐君毅教授在面對大小之辯一問題，特將重點放在「化」字上說。見諸《中國哲學原論・原道篇》中說：

> 故晉支遁謂莊子之逍遙遊之旨，在明至人之心。……莊子逍遙遊由魚之大至數千里，其化爲鵬之背之數千里者說來，則兼大魚大鳥之遊之飛以說「化」，其後文又言上古之大椿，以八十歲爲春，八十歲爲秋，則是以大春大秋說椿之大年；而言小年之春秋不及大年之春秋，以喻小知之不及大知。莊子固未嘗以大魚之化大鵬爲逍遙，因其必待風之積，以負大翼，而未能無所待也。然莊子亦未嘗非意在舉此大魚、大鵬、大椿，以使人知有大物、有大年，以由小知而至於大知。〈秋水篇〉言「大知觀於遠近」，大知固大於小知也。而〈逍遙遊〉篇末莊子謂惠子拙於用大，則鵬之能用大翼，以水擊三千里，摶扶搖而上者九萬里，而絕雲氣，負青天者，固非斥鴳小鳥之所能比。則斥鴳更笑大鵬，固是以小知笑大知。由此觀之，則郭象謂逍遙遊之旨，乃以大小並觀，小者自適於體內，即自足無待，而可得逍遙；大者不自足，則大者亦不得逍遙云云，即莊子明言大知小知之不同，而實有小大之辯者不合。依郭象意，小者自足，即可忘其小而無小，大者不自足，即見其尚小，而非大。則無大無小，乃可超小大之辯。此固是一義。然以小比大，則大固大於小，大可涵小，小不足以涵大。如大知涵小知，小知不足涵大知。固仍當尚其大，

〔註10〕同註12。

以起於小之外也。則謂大鵬，即是逍遙者，固非；大鵬之飛固有待，
即無待，亦共是鳥，其不能有人之逍遙，不待辯也。然莊子此篇之
必由大鵬之飛說來，而又歸在善用大，則郭象之謂莊子之於斥鷃與
大鵬，自始平觀，亦非是也。〔註11〕

唐君毅先生以「化」字的逍遙遊之重心，而重在使人由小知以至於大知。即
就此詮釋角度而言，其已與郭象之「明性分之適」之旨趣相異，此見兩者爲
同之詮釋系統。其次，莊子明知有小知大知之分別，此當有小大之辯。今謂
小大之殊，則小大之辯者，明矣！尤有進者，其且「極」小大之致，此文豈
是「謂莊子於斥鷃與大鵬，自始平觀」者所有之論？至於郭象「小大雖殊，
逍遙一也」之論，亦只是就資有待者得其所待而言，非關大小者也。則郭象
之冥小大之辯，非不知小大之辯，唯其重點在更明其性分之適，以得待而逍
遙耳。又，唐先生以「大可涵小，小不可涵大」與莊子之善用大，而謂「固
仍當尙其大，以超於小之外也。」〔註12〕然莊子明謂：「今夫斄牛，其大若垂
天之雲，此能之爲大矣，而不能執鼠。」是以小大之善用，固存乎一心之無
待無礙耳。果此，則小大之辯固立，然不必即以大貶小也。〔註13〕

三、王邦雄

王教授有關〈逍遙遊〉的詮釋，主要見諸其《中國哲學論集》一書中〈莊
子其人其書及其思想〉及〈莊子哲學的生命精神〉等文。其注〈逍遙遊〉爲
莊子哲學的總綱，並以「由小而大，由人而化——生命的超拔提升」爲題，
總括〈逍遙遊〉一篇之大旨。其論大鵬怒飛一段之要點如下：〔註14〕

大鵬怒飛這段寓言，是〈逍遙遊〉全篇的意蘊所在。故歷代學者的
歧見亦集結此處。此一論辯主要在大鵬怒飛是否即爲莊子的自喻，
是否可堪代表莊子哲學的最高理境？由此引發的論題有三：一、大

〔註11〕見唐君毅：《中國哲學原論——原道篇一》，《唐君毅全集》，台北：學生書局，
　　　　民國 75 年，卷十四，頁 351～352。
〔註12〕此義可另參見王邦雄：《中國哲學論集》，台北：學生，民國 73 年，頁 70。「王
　　　　船山論性，雖『重氣質而尙情才』，然小大之間，卻反而以爲大不如小。曰：
　　　　『困於大者，其患倍於困小。』以『不能小者，勢使之然也；……不能大者，
　　　　情使之然也』。而『勢之困尤甚於情，以情有炯明，而勢善迷』。故小者尚可
　　　　大，而大者卻不能小，必造成人我之間情才之表現的互相阻滯，而有礙於生
　　　　命活動的充盡流行。」
〔註13〕高柏園：《莊子內七篇思想研究》，台北：文津，民國 81 年，頁 34～35。
〔註14〕同上，頁 39。

鵬怒飛是有待，還是無待？二、逍遙是至足，還是自足？三、是大
鵬逍遙，還是蜩鳩？小大之間，到底是小不如大，還是大不如小，
或是小大如一？

莊子既云「是鳥也，海運則將徙於南冥」，足見大鵬仍有待於海運之起，始能
展翅高飛，奔向南冥；而莊子哲學的最高理境，卻是無待的。如是而言，大
鵬怒飛似乎不是究極之說了。據吾人前此之解析，逍遙無待之遊，乃指主客
冥合又人一體境界而說，若就其工夫之進程，仍是有待的。惟此一有待，乃
有待於內，不同於「列子御風而行」之「猶有所恃」的有待於外，以列子未
有生命主體的精神修養，共能爲外在的風或起或飄落所決定，所以十有五日
即隨風折回。大鵬怒飛，既由小而大，由大而化，其主體之大遂得以與客體
之大，結合而成同體之大，是以自然之氣流行的海上長風，已不在其生命之
外，而直與其生命融成一體。故莊子曰：「若夫乘天地之正，而御六氣之辯，
以遊無窮者，彼且惡乎待哉？」此體現天地自然之性，以遊萬物變化之塗，
而開出的無窮境界乃是主客一如的無待。其他，大鵬、蜩鳩到底何者逍遙，
與逍遙究是自足或至足等等問題，可以說出自郭象的《莊子注》。

在莊子的筆下，大鵬怒飛的聲勢之壯，竟是「水擊三千里，搏扶搖而上
者九萬里」，地面上的蜩與學鳩不禁自我解嘲的說道：「我決起而飛，槍榆、
枋，時則不至而控於地而已矣，奚以之九萬里而南爲？」郭象注曰：「苟足於
其性，則雖大鵬無以自貴於小鳥，小鳥無羨於天池，而榮願有餘矣。故小大
雖殊，其逍遙一也。」所謂「苟足於其性」，此「性」是德性，還是才性？此
「足」是自足，還是至足？又：「之二蟲又何知？」郭注云：「二蟲謂鵬蜩也。」
按上下文，此無知的二蟲當指小而不知大的蜩與學鳩無疑。郭象此注之誤，
並非昧於文理，出乎無心，而是有意自成己說，遂歪曲了莊子原意。此中原
因就在魏晉時代的政治風氣下，德性不得伸張，故專講才性，而才性又是天
生氣稟不同而無可轉化的，故不能要求「我騰躍而上，不過數仞而下，翱翔
蓬蒿之間」即自以爲至的蜩鳩斥鴳，一如大鵬的「絕雲氣，負青天，然後圖
南，且適南冥也」的高曠大化。此鵬鳩之大小，乃爲自然的軀體官能所決定，
故只要各安其性，各是其分，不必自責，亦無所欣羨，其逍遙一也。故對鵬
鳩而言，實不可能興起自足或至足之生命價值的反省。然寓言的主角是鯤鵬
蜩鳩，而象徵隱喻的卻是人的精神生命。人有心，有一價值的自覺，人性可
以無限的向上開展。人本是大地的爬蟲，然透過人類的理性光照與精神涵養，

人終於站了起來，成為萬物之靈，而聖賢哲人，更是德配天地，道貫古今，成為人間的巨人，故吾不能僅安於現狀的自足，而應希聖希賢的求至足。若如郭象所云小大如一，必流為取消價值的頹廢之說而後已，無怪乎道德要敗於名士了。」〔註15〕

郭象並非不辨小大而逕自取消混同，其不過是更重其性分之自適自足，及其所及之逍遙為一耳。是以小大之辯非其所重，而藉小大以超越小大，方為其用心所在。而其大小如一之渾化，並非取消價值，而可僅是以藝術境界予以同體之觀照，以同於大通。至於魏晉思想末流有流於取消價值之頹廢放縱，此固是人病也，無害乎法之殊勝。〔註16〕

伍、總　結

林希逸《莊子口義》便曾說到：「鯤鵬變化之論，只是形容胸中廣大之樂。」〔註17〕明憨山大師《莊子內篇註》也說：「逍遙者，廣大自在之意。世人不得如此逍遙者，只被一個我字拘礙，故凡有所作，只為自己一身上求功求笞，自古及今，舉世之人，無不被此三件事，苦了一生，何曾有一息之快活哉？獨有大聖人，忘了此三件事，故得無窮廣大自在逍遙快活。」〔註18〕莊子在〈逍遙遊〉中講出「鯤鵬之喻」的目的就是要強調大才的大用，大用者有大的心胸、大的意境，然而世人多不能領會，甚至陶醉在小才小用之中，所以莊子以兩隻形體很小的「蟲、鳥」的觀點來作比喻，凸顯世人不能了解高境界者的逍遙心胸。

蜩與鳩對大鵬鳥的嘲弄讓我們想起了老子的話：「下士聞道，大笑之，不笑不足以為道。」這兩個小東西，正是這個「下士聞道，大笑之」的境界，自以為別人是傻瓜，其實自己才是無知的人。莊子要藉大鵬鳥的「大」來比喻這個心胸、氣魄、境界的「大」，而且要藉蜩與學鳩的「小」來比喻世人領悟力的「小」，小到無法領會在高境界中，人的所思所想之用心深刻。

故可知，莊子寫的是寓言，寓言裏的主要是鳥獸蟲魚，但他所指的是人的生命，大鵬鳥與小麻雀，當然小鳥不能作為大鵬。人的生命是可以由小到

〔註15〕同註10，頁68～70。
〔註16〕同註11，頁41。
〔註17〕嚴靈峰編：《無求備齋莊子集成初編》第7冊，台北：藝文，卷一。
〔註18〕（明）憨山大師：《莊子內篇憨山註》，台北：新文豐，卷一，民國62年。

大的作長，人足能用形軀來限定他的，人的「大」跟「化」，就在突破形軀的拘限，郭象有郭象的時代背景，郭象解莊，有了這一方面的限制，就不能夠觸及到莊子偉大的心靈境界。故今天吾人述及〈逍遙遊〉，要講「大」，生命有大有小、生命的境界有大有小，這個是莊子哲學的第一義。

因此，人生在世，當遊心於廣大悠遠的遼闊世界，超然於物欲私慮之外，只有措心極大，用心極廣，在內心中達到「至足」的境域，才能獲得真正的逍遙自在。

參考書目

1. 《莊子》，（晉）郭象註，台灣：中華書局，民國82年。
2. 《世說新語》，（南朝）劉義慶編、楊勇注，台北：正文，民國81年。
3. 《莊子內篇憨山註》，（明）憨山大師，台北：新文豐，民國62年。
4. 《莊子通·莊子解》，（清）王夫之，台北：里仁，民國84年。
5. 《莊子南華經解》，（清）宣穎，懷義堂藏本。台北：廣文，民國67年。
6. 《莊子集釋》，（清）郭慶藩編，台北：華正，民國86年。
7. 《無求備齋莊子集成初編》第七冊，嚴靈峰編，台北：藝文。
8. 〈中國哲學原論——原道篇〉，唐君毅，收入《唐君毅全集》，卷十四，台北：學生，民國75年。
9. 《才性與玄理》，牟宗三，台北：學生，民國74年。
10. 《老莊研究》，胡楚生，台北：學生，民國81年。
11. 《逍遙的莊子》，吳怡，台北：東大，民國73年。
12. 《莊學新探》，陳品卿，台北：文史哲，民國73年。
13. 《莊子內七篇思想研究》，高柏園，台北：文津，民國81年。
14. 《中國哲學論集》，王邦雄，台北：學生，民國72年。
15. 《莊子哲學及其演變》，劉笑敢，北京：中國社科，1988。